映画をめぐるディアローグ
ゴダール／オフュルス全対話

ジャン＝リュック・ゴダール　マルセル・オフュルス
（翻訳＝福島　勲）

Jean-Luc GODARD, Marcel OPHULS : "Dialogues sur le cinéma"
Postface : Daniel COHN-BENDIT, Préface : Vincent LOWY, Préface : André GAZUT.
(collection « Ciné politique » dirigée par Vincent LOWY)

映画をめぐるディアローグ

目次

凡　例

○ゴダールの一人称は「わたし」、オフュルスは「私」としてある。ただし、彼らはtutoyer（君・僕で話すこと）しているため、相手に向けた言葉の中では、彼らの一人称を「僕」としている箇所もある。

○脚注は基本的に訳註であり、原註にのみ【原註】と表記した。また、本文中に訳註を繰り込むときは［　］を使用した。

○原著において発言者の動作を表すト書きは【　】で表記してある。

○観客の前での対談という性格上、場面や発言が向けられている相手に合わせて、二人の発言の語尾を「〜だ、〜である」と「〜です、〜ます」と訳し分けている。また、二人称も場面に合わせて、「君」、「あなた」、「あなた方、あなたたち」と訳し分けてある。

序文

ヴァンサン・ロヴィ[1]

本書は、ジャン゠リュック・ゴダールとマルセル・オフュルス[2]による、二つの公開対談の採録である。一回目はポー[3]の映画館メリエス座で二〇〇二年末に行われ、二回目はジュネーヴのサン゠ジェルヴェ劇場[4]で二〇〇九年末に行われた。

対談の文字起こしにあたっては、二人の映画作家の語り口や、かなり独特なフレージングを最大限に尊重した。他方、ポーの対談での観客たちによる長大な感想や、ジュネーヴの対談でフランシス・カンデル[5]が行った二人の紹介については、縮めたり、削除したりしている。フランシスを筆頭として、

1 フランス映画史研究者。一九七一年生まれ。

2 ドキュメンタリー映画作家で、父は映画監督のマックス・オフュルス。一九二七年生まれ。

3 フランス南西部の町。

4 ジュネーヴ市（スイス）の国鉄コルナヴァン駅近くにある劇場。映画の上映や舞台の上演、現代美術の展示会場として利用されている。ゴダールの住むロールからは電車や車を使って一時間以内にある。

発言を引用されている人（むしろ発言を引用されていない人）にはお赦しを願いたい。

ゴダールとマルセル・オフュルスは、およそ半世紀来の知己である。二人とも一九五〇年代末にフランソワ・トリュフォー[6]と親しく、六八年には、五月革命を特徴づける、美学と政治上の未曾有の変革に参加している。とはいえ、一方のゴダールは、スポットライトの中央に立つ、ヌーヴェル・ヴァーグを代表する全世界的なスターだった。他方のオフュルスは、もっとアンダーグラウンドな場を活動の舞台とし、戦後のフランスを築き上げてきた神話の破壊という一徹な作業を続けていた。政治的にも、当時の二人はあらゆる点で正反対だった。一方のゴダールは毛沢東主義者であり、他方のオフュルスはマンデス派《マンデジスト》[7]だった。映画的には、彼らの相違はさらに際立っている。しかしながら、今日、二人は真の友情で結ばれている。相手への尊敬と相互承認が美しく入り混じったその友情は、本書の対談の中にあますところなく表現されている。

ジュネーヴの対談が行われたのは、ゴダールの発言が反ユダヤ主義的だと

5　フランスのドキュメンタリー番組のプロデューサー。

6　ヌーヴェル・ヴァーグを代表する映画監督。映画批評家アンドレ・バザンの庇護を受けて成長する。代表作に『大人はわかってくれない』（一九五九年）、『アメリカの夜』（一九七三年）。ゴダールとは一九六八年以降に訣別。一九三二年生−一九八四年没。

7　政治家ピエール・マンデス＝フランスの信奉者。マンデスは、インドシナ戦争を終結させ、社会主義陣営の刷新につとめた。

して、公開での告発[8]を受けていたタイミングだった。告発したのは、ゴダールの発言に失望した何人かのゴダール信奉者たちである。こうした非難に対して、ゴダールはいつものように平然としていた。ゴダールのために立ち上がる者は誰もいなかったが、唯一、ダニエル・コーン＝ベンディット[9]だけが彼を擁護するテクストを発表した。それは本書の終わりに再録してある。

本書は、少なからず話題になったこの告発に対する間接的な回答となる要素を含んでいる。実際、本書の中でジャン＝リュック・ゴダールは、ユダヤ世界の全体像を理解したい、彼には捕捉できないユダヤ人であることとの特異性について考えたい、という意志を表明している。本書が刊行された現在、映画作家ゴダールの立場を判断するのは、読者の諸姉諸兄に委ねられている。

当然ながら、主役の二人の同意なくして本書は存在しなかった。本叢書の責任者として、ゴダールとオフュルスの両人に心より御礼を申し上げる。また、この企画を実現するためにゴダールを口説いてくれた、フレディ・ビュアシュ[10]の助けは大きかった。マルセル・オフュルスのアーカイヴから、ポーの対談の映像を見つけ出してくれたヴァンサン・ジャグランにも感謝したい。

8　口火を切ったのは、作家・映画作家アラン・フレシェールである。フレシェールは二〇〇九年に発表した小説『ショート・サーキット』（シェルシュ・ミディ社）の中で、一緒に編集作業をしていた際、友人ジャン・ナルボニとの会話でゴダールが反ユダヤ人的な発言をしたのを耳にしたと書いた。『ル・モンド』紙（二〇〇九年一一月一一日付）が掲載した記事「ゴダールとユダヤ人問題」は騒ぎに油を注ぎ、同紙は改めて記事「ゴダール問題」（同年一二月四日付）を出さねばならないほどだった。

9　一九六八年パリ五月革命の中心となった学生指導者の一人。ドイツ系ユダヤ人家系出身で、当時の渾名は「赤毛のダニー」。現在も欧州の政治家として活躍。一九四五年生まれ。註187参照。

10　一九五一年から一九九六年までシネマテーク・スイスの館長。一九二四年生−二〇一九年没。

この映像は、一般観客が携帯ビデオカメラで撮影した、言わば無名兵士による戦功である。ジュネーヴの対談に私を招いてくれたフランシス・カンデルにも感謝する。彼がいなかったら、この対談そのものが存在していなかっただろう。それから、メリエス座の「シネ・マ・パッションの会」[11]のフィリップ・デュカ会長に、また、ジュネーヴのサン゠ジェルヴェ劇場監督フィリップ・マカスダールに感謝する。マカスダールは対談の最初の文字起こしに資金を提供してくれただけでなく、対談を元に、私がフレデリック・ショファと共同監督したドキュメンタリー映画の製作までしてくれた。もちろん、ジュネーヴでマルセル・オフュルスのレトロスペクティブ映画祭を企画し、推進役となったアンドレ・ガズュ[12]にも感謝を捧げる。

最後に、ゴダールの八〇歳を記念するために書いたテクストを、本書に再掲する許諾を与えてくれたダニエル・コーン゠ベンディットにも、心から感謝する。

ガズュにも、マルセルへのオマージュとなる小文を書いてもらった。ちなみに、このマルセル・オフュルスという驚くべき人物がよこす葉書には、ひ

11 「映画（館）《シネマ》・パッション」と「映画《シネ》、私の情熱《マ・パッション》」がかけられている。

12 フランスの映画監督。マルセル・オフュルス監督のドキュメンタリー映画『悲しみと哀れみ』ではカメラマンを務めた。一九三八年生まれ。12頁参照。

つかいたような文字で、時々、次のような署名がしてある。「M・O・ジュニア（ジュニアですが、ものすごく年を取っています）」[13]……。

13 マルセル・オフュルスはイニシャル上ではM・Oとなり、父マックス・オフュルスと同じになる。したがって、M・Oに「ジュニア」を付けて、息子マルセルの方であることを示している。

わが友マルセル

アンドレ・ガズュ（映画監督）

マルセル・オフュルスと出会ったのは『悲しみと哀れみ』（一九六九年）に撮影監督として参加したときですが、それ以来、この映画作家に対する尊敬の念は増すばかりです……。ジュネーヴのサン＝ジェルヴェ劇場監督フィリップ・マカスダールから、レトロスペクティヴ上映会のアイデアを求められた際、私がすぐに思い浮かべたのは、友人マルセルのことでした。

マルセルは「この機会にジャン＝リュック・ゴダールと再会したい」と言いました。この願いが、二人の人物を公開の場で引き合わせることになったのです。一方は、フィクション映画へのアプローチとその使用法を変えた人物、そして他方は、ドキュメンタリー映画の分野でそれをした人物です。

この対談には、フランシス・カンデルとヴァンサン・ロヴィが協力してくれました。彼らのおかげで、その多くがもはや配給されておらず、シネフィルの目の届かないところにあった、マルセルの主要な作品を集めることができたのです。この映画祭では、映画を専門とする日本人教授が全ての回に現れるということがありました。マルセル・オフュルスの映画週間を東京で企画するつもりだ、と彼は言っていました。[14]

14 調査の結果、この日本人教授は名のある映画研究者のことだと判明した。

第一部　メリエス座での対談（二〇〇二年）

対談時のジャン＝リュック・ゴダール（原書、14 頁）

対談時のマルセル・オフュルス（同上）

マックス・オフュルスとビリー・ワイルダー

ジャン゠リュック・ゴダール［以下、ゴダール］　マックス・オフュルスと言えば、かつてエリック・ロメール[15]が出していた小さな機関誌（紙）『ラ・ガゼット・デュ・シネマ[16]』に『輪舞』（一九五〇年）の批評[17]を書いたことがあったよ。

マルセル・オフュルス［以下、オフュルス］　そう……。

ゴダール　……当時は『快楽[18]』（一九五二年）が相当に叩かれた……。大味なウィーン人の映画だと言われたんだ。

オフュルス　［甘ったるい］ウィーン菓子屋だとね……。中央ヨーロッパ出身に当てこすってね……。

ゴダール　モーパッサン[19]は、当時はまだ大作家扱いされていたけれど、僕は一度もいいと思ったことがなかった。今考えると、人々が批判したかったのは、マックス・オフュルスという国際派のウィーン人監督が、モーパッサンの散

15　ヌーヴェル・ヴァーグを代表する映画監督の一人。一九二〇年生－二〇一〇年没。

16　カルチェ・ラタンの映画館でシネクラブ（映画の後に観客との討論がある）を主宰していたエリック・ロメールが発行。わずか五号で終わるが、ジャック・リヴェットやゴダールが寄稿していた。

17　『輪舞』はマックス・オフュルス監督、ダニエル・ダリュー主演で一九五〇年に製作された。ゴダールの記事は『ラ・ガゼット・デュ・シネマ』第四号（一九五〇年十月号）にハンス・ルカスの筆名で掲載。その記事は次の言葉で締められている。「人生を生きるというのは、いくらかはダンスを踊るのに似たことなのだ」。ジャン゠リュック・ゴダール『ゴダール全評

マックス・オフェルス　©公益財団法人川喜多記念映画文化財団

文に手を出したという事実だったんだろうね。僕はモーパッサンなんか好きじゃなかったし、大いに挑発し、話を大きくするのが当たり前という性格だったから。叩かれているものを擁護するのが趣味だったんだよ。アンドレ・バザン[20]も否定的な評価を述べていたしね……。

オフュルス　一本の映画にあんな無駄金を使っている、と彼は書いてたっけ。

ゴダール　その通り。

オフュルス　古い家柄出身の良識あるフランス人なら、『快楽』の予算で二〇本の映画を作れただろう……か。とはいえ、その通りだよ。

ゴダール　いや、そんなことはない。あの時代のモーパッサン原作の良識ある映画といったら、クリスチャン＝ジャック[21]の『脂肪の塊』(一九四五年)のことだ。全くつまらない作品だった。

オフュルス　『三人の女』[22](一九五二年)もあるね。

論・全発言I　一九五〇－一九六七』奥村昭夫訳、筑摩書房、一九九八年、一〇五－一〇六頁に所収。

18　【原註】マックス・オフュルス監督『快楽』(一九五二年)はモーパッサンの三つの短編「仮面」、「テリエ館」、「モデル」の映画化である。

19　一九世紀に活躍したフランスの自然主義小説家。代表作に『女の一生』。一八五〇年生－一八九三年没。

20　ヌーヴェル・ヴァーグの精神的父親と言われている映画批評家。事実、家出中の若きトリュフォーを自宅に引き取って養育した。一九一八年生－一九五八年没。

21　フランスの映画監督。一九〇四年生－一九九四年没。

22　アンドレ・ミシェル監督のフラ

エリック・ロメール

ゴダール　そうだね。

オフュルス　人々がバザンの言葉に着目したのは事実だ。だって、彼は最も有名で、当時『カイエ・デュ・シネマ』[23]誌の編集長だったんだから……。だけど『快楽』に関しては、誰もが同じ調子だった。暗黒の数年間の後に、ハリウッドから戻った国際派の映画監督が王様気分で映画を撮ってみたら、業界内部にこもっていた恨みに直面する……。君もその一人だった「青年トルコ団」[24]の見立てでは、とりわけ『歴史は女で作られる』[25]（一九五五年）の公開時、フランス映画界の常連監督たちがオフュルス叩きをしている、そう……つまりはユダヤ人叩きを、「ガイジン」叩きをしていると見えたんじゃないかな。

ゴダール　ああ、とくに反ドイツ、反ゲルマン的な雰囲気があったことを覚えている。つまり……モーパッサン的な優美なフランスを守れというわけさ……。でも、あの作品は全然そんな風じゃなかった。つまり、『快楽』は優美さにあふれ、すごく印象派的で、君のお父さんは自分の大オフュルス調を見出しはじめていた。君よりもお父さんの映画について全然詳しくないし、観ていないものもあるけれど、マックス・オフュルスは『たそがれの女心』

ンス映画。やはりモーパッサンの三つの短編「ボワテル」、「蝿」、「遺産」をオムニバスで組み合わせた作品。

23　一九五一年から現在まで続く、世界でも有数のフランスの映画批評誌。

24　一九五二年以降に現れた若い映画批評家たちの渾名。『カイエ・デュ・シネマ』誌を中心に活動した。

25　女傑ローラ・モンテスを描いたサン＝ローランの小説の映画化。

（一九五三年）と『歴史は女で作られる』で頂点に達することになるものを、『快楽』において発見していたと思う。すなわち、無から……何でもない物語から、深みのあるものを作り出すことだ。それはかなりオリエント的なものでもあり、アラビア風の雰囲気でもあり、カメラの運動でもあり、走ったり何十回も階段を登ったり降りたりする人々でもあり……しかも彼らはそれをぴょんぴょん飛び跳ねながら、走りながらやるんだからね……。そこには、ドイツ表現主義を思わせるものがある。もちろん、カンディンスキー[26]の初期ぐらいの重過ぎないものだけれど……。ちなみに、僕はペシミストだから「モデル[27]」のラストのセリフがいつも頭に浮かぶんだ。「幸福は楽しいものではない……」。

オフュルス　うん、ビリー・ワイルダー[28]の「ノーバディ・イズ・パーフェクト」という台詞とともに、当時の映画の中で最も有名な二つの台詞のうちの一つだったと思う……。『お熱いのがお好き』のラストシーンで、自分の妻が男だと気が付いた億万長者が「完璧な人はいない」なんて言うのは、かなりペシミスティックだ……。マックス・オフュルスとビリー・ワイルダーはともに国際派のペシミストだった。二人とも様々な国で映画のキャリアを積み、

26　ワシリー・カンディンスキーは、抽象絵画の先駆者として位置づけられる、ロシア出身の画家。一八六六年生－一九四四年没。

27　映画『快楽』の中のオムニバス作品の一つ。

28　オーストリア＝ハンガリー帝国のユダヤ人家系出身のアメリカの映画監督。代表作に『麗しのサブリナ』（一九五四年）。一九〇六年生－二〇〇二年没。

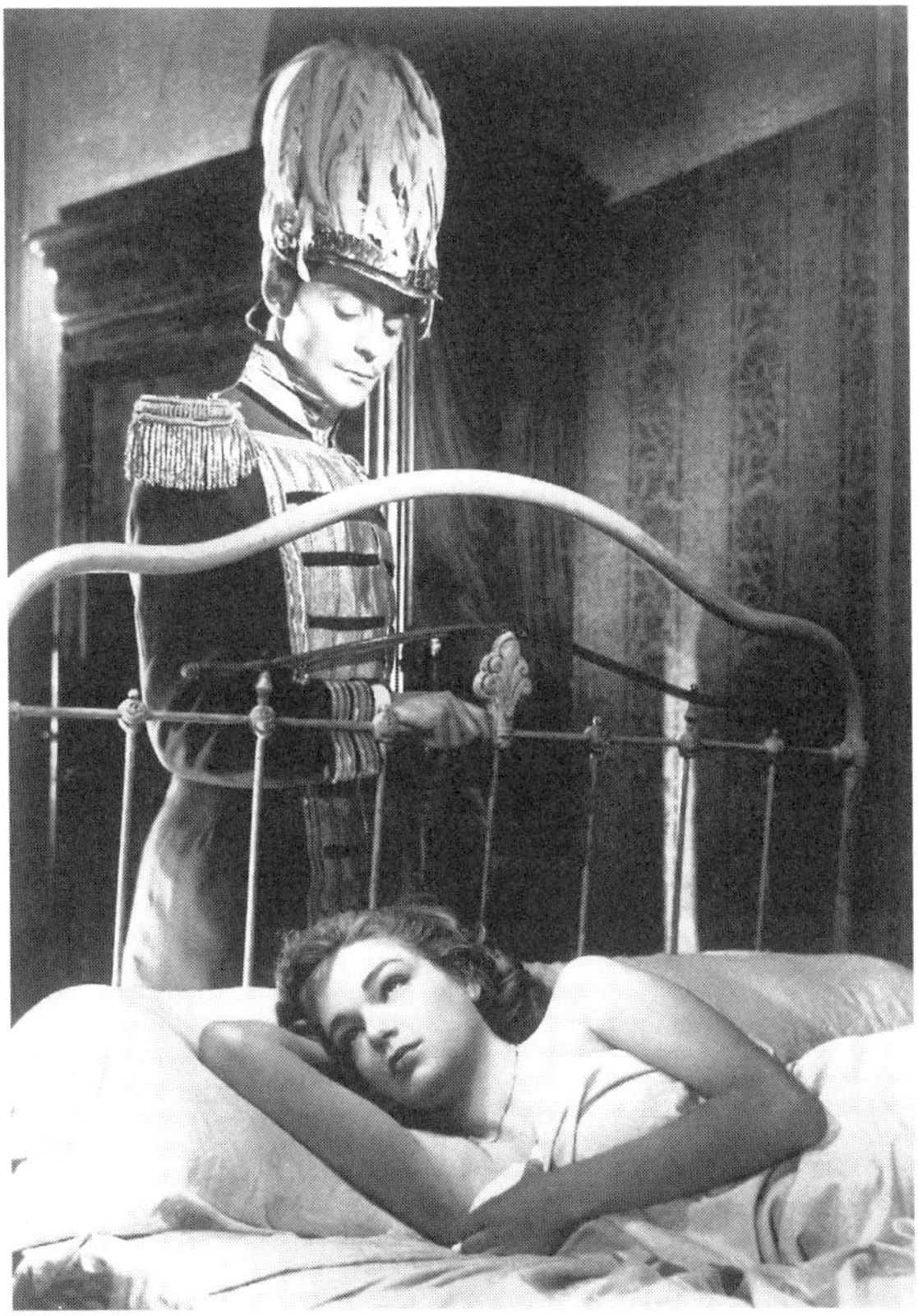

マックス・オフュルス監督『輪舞』

同じようなルーツを持ち、同じ時期に根無し草にされている……。だからこそ両大戦間と戦後には、意識的であれ無意識的であれ、ヨーロッパ映画というものに対するレジスタンスが行われていたことになる……。彼らは真にヨーロッパの映画人だった……。先刻そのことで議論になったけれど、意見は合わなかったね。これから作るべき〈ヨーロッパ〉があるとしたら、それは貧しくするものではなく、豊かにしてくれるものだと思うんだが……。

マックス・オフュルスの映画術

ゴダール　いや、その意見には疑いを持っている……（笑）。マックス・オフュルスには、僕がとても好きな画家フラゴナール[29]みたいなところ、素描や鉛筆画みたいなところがある。彼のカメラワークはとても独特で、絶対に真似ができない。もちろん、移動撮影《トラヴェリング》や筋運びには模倣できるところもある。僕も遠慮なく拝借させてもらってる……。だけど、そこにはテクニックを超えるものがある。「仮面」[30]の冒頭は、技術的に言って、離れ技だよ。ハリウッドやブライアン・デ・パルマ[31]みたいな小物がやっていることをはるかに超えている。全く別次元だ。そこにあるのは鉛筆画的な、マティス[32]的な、プルースト[33]的なものだ。連れ合いのアンヌ＝マリー・ミエヴィル[34]とも、そのことで

29　ジャン＝オノレ・フラゴナールはフランスの画家。一七三二年生－一八〇六年没。

30　『快楽』の中のオムニバス作品の一つ。

31　アメリカの映画監督。代表作に『ファントム・オブ・パラダイス』（一九七四年）、『アンタッチャブ

マックス・オフュルス監督『快楽』の花畑のシーン
左はダニエル・ダリュー、右はジャン・ギャバン　Ⓒ RGR Collection / Alamy Stock Photo

よく議論になるのだけれど、おそらく彼の映画は、全く主題を必要としていないんだ。すなわち、深い主題という意味でのそれをね。脚本が練られていないということではない。だけど内容《フォン》は要らないんだ。彼の映画には物質的とでも言うべき形式、物質的に表現される形式があって、ついにはその形式こそがもう一つ別の内容になってしまう……。それは普通の内容とは別の次元にあるもう一つの内容だ。それは地上ではなく、言わせてもらえば、天井《プラフォン》にある……。実際、偉大な画家たちは、偉大な天井画を描いてもいるからね……。

オフュルス　マックス・オフュルスの映画が内容なしに成立し得たとは思わない。もし君の言う「内容」が、アングロ・サクソンたちが「プラン」と呼んでいるもの、つまりは物語の構造のことを指しているのだとしたらね。なぜなら、マックス・オフュルスにはやはり思想があった。つまり、彼のテクニック、彼のカメラワークは、やはり世界観に基づいていて、無意味な動きではないんだ。

ゴダール　無意味だなんてとんでもない。とはいえ、この手のことをしている

ル』（一九八七年）。一九四〇年生まれ。

32　アンリ・マティスはフランスの画家で、ピカソとともに現代絵画の地平を広げた。一八六九年生－一九五四年没。

33　マルセル・プルーストは二〇世紀フランスを代表する小説家。代表作は『失われた時を求めて』。一八七一年生－一九二二年没。

34　スイスの映像作家。一九七〇年代以来、公私にわたるゴダールのパートナー。一九四五年生まれ。

マックス・オフュルス監督『歴史は女でつくられる』
Ⓒ公益財団法人川喜多記念映画文化財団

ビリー・ワイルダー監督『お熱いのがお好き』

他の映画作家たちに比べれば、今日使われているような意味でのテクニックは彼には一切ありませんでした。ですが、マティスの素描を例にすれば、脚や肩の単なる曲線が、描き出しの時点では内容を持っていなかったのに、曲線が終わってみると内容ができあがっている……。私が言いたいのは、そのようなことです……。[35]そして、これこそがマックス・オフュルスの独自性なのです。しかも、それは少しずつ獲得されていきました。というのも『恋愛三昧』（一九三三年）や『忘れじの面影』（一九四八年）といったアメリカ映画時代には、この独自性は見られないからです……。これは習得された、発見された自由であり、取って付けたものではありません。原則として、それは他より優れているとか劣っている、というようなものではありません。そうではなく、そこにあるのは極めて独自な何かであり、それが当時の観客を満足させ、今も私を魅了し続けるのです。それは純粋にロマネスクなものです……。『たそがれの女心』の筋はかなり貧弱で、ルイーズ・ド・ヴィルモラン[36]が書いた短い小説ですから、たとえばドストエフスキーとはレベルが全然違います……。しかし、マックス・オフュルスがその小品から作りあげた作品は、全く別ものです。それはフラゴナールの《閂》が、二人の恋人たちが抱き合うためにドアの鍵をかけるだけの絵であり、ゴヤ[37]のような深刻な主題

35 ゴダールは、この一連の発言の際、発話の相手をオフュルスから観客に切り替えている。

36 サン＝テグジュペリやアンドレ・マルローといった多くの文化人たちのミューズとなった女性作家。一九〇二年生－一九六九年没。

37 フランシスコ・デ・ゴヤはス

フラゴナール《閂》

も持ち合わせていないのに、こう言ってよければ、やはり純粋絵画になってしまうのと同じです……。マックス・オフュルスの映画には、純粋映画とも言うべき何か、その当時に実験映画と呼ばれていたものに属する何かがあります。現在、そうした何かは消滅してしまいました……。「マックス・オフュルスの作品には」文学がまるでないのです。それは、台本《テクスト》や台詞が存在しないということではなく、映画の前提として、文学を先行させるという考えがまるでないのです。

オフュルス　名台詞もない……。あってもわずかだ……。

ゴダール　ナタンソン[38]が脚本の場合、たくさんあるのですが……。

オフュルス　ええ、それは見事なものです……。たとえば、「幸福は楽しいものではない」とか「我々の結婚は我々の写し絵である。それが表面上のものに見えるのは表面上でしかない」とか……。確かにこれらは名台詞ですが、それと同時に、それ以上のものです……。違いますか。

ペインの画家。一七四六年生－一八二八年没。

38　ジャック・ナタンソンは、マックス・オフュルスに多くの脚本を提供した。一九〇一年生－一九七五年没。

マックス・オフュルス監督『忘れじの面影』 ©公益財団法人川喜多記念映画文化財団

ゴダール　全くその通りです。

ジャン・ギャバンが走り出すとき

（観客から）技術的に離れ技という話題が出ましたが、『快楽』の中のショットを例にして、マックス・オフュルスの映画術の特徴について教えてください。一つの意味を作り出し、その意味を引き受けていく方法についてです。

ゴダール　彼がどのように映画を撮っていたのか、わたしにはわからないのです。どうやって一本の映画が作り上げられたのか。よく知らないし、わからないのです。たとえば、「テリエ館」[39]の娼婦たちが列車に乗り、ジャン・ギャバン[40]が走り出すとき、ダスティン・ホフマン[41]主演の『マラソンマン』[42]（一九七六年）のような映画とは全く違います（笑）。どうやってそれが撮られたのか、全くわからない。また、それが一つのアイデアに基づいていたのかどうかも……。

オフュルス　ええ、私にもわかりません……（笑）。

39　『快楽』の中のオムニバス作品の一つ。

40　二〇世紀フランスを代表する映画俳優。一九〇四年生－一九七六年没。

41　アメリカの俳優。代表作に『卒業』（一九六七年）、『真夜中のカーボーイ』（一九六九年）、『クレイマー、クレイマー』（一九七九

フラゴナール《ぶらんこ》

ゴダール　わからないけれど、彼はこう思ったのかもしれない。「よし、シンプルに、移動撮影で行こう。そうすれば、突然、何かが起きる」とね……。フラゴナールの《ぶらんこ》みたいなものです。とはいえ、彼の映画はとても丁寧に作られています。例えば、「仮面」の冒頭のショットでは、カメラが外から建物の内部に入り、ダンスのシーンで終わります。これはカメラマンにはとても難しい。というのは、当時、レフカメラは存在せず、カメラマンはカメラのファインダーを直接覗いて撮影していたからです。現在、同じことをできるカメラマンはいないでしょう……。

オフュルス　部分的に答えられるところもあります。完璧なものではありませんが、脚本は存在していましたし、台詞も用意されていました。ですが、舞台装置がどんな風になっているのか、マックス・オフュルスは前もって思い浮かべることができなかったのです。あれほど視覚的に事物をとらえていた人間だったのに、奇妙なこともあったものです……。ではどうしたかと言うと、ジャン・ドボンヌ[43]が撮影前に模型を父に見せていたのです。父はこの模型をファインダーで覗き、やはりプロダクションが少しでも制作費を節約できるように、そして、ドボンヌが毎回スタジオのフロアで舞台装置を即興で

年)。一九三七年生まれ。

42　ジョン・シュレシンジャー監督によるアメリカ映画。強制収容所のユダヤ人から奪ったダイヤモンドを執拗に追うナチス残党が描かれる。

43　フランスの美術監督で、オフュルスやジャン・コクトーやジャック・ベッケルの作品を多く担当した。一九〇三年生－一九七一年没。

手直しする羽目にならないように努めました……。つまりは、どの壁を取り外さねばならないかを事前に把握するべく、周囲の人々が父にファインダーで模型を覗かせようと努力したのです……。しかし、マックス・オフュルスにはできなかった。努力したのですが、無理だったのです。その結果、たいていの場合、セットでも、ロケ現場においてさえも(例えばジャン・ギャバンがテリエ館の娼婦たちを出迎えるシーン)、彼は現場の地形と対決しなければならず、俳優たちとリハーサルを繰り返しました。たいていの場合、技術班は抜きです。また、シークェンス・ショット[44]についても、ほとんどの場合、丸一日かけて準備し、その日の撮影時間きっかりに撮影を完了させるのです。残業代を発生させないためです……。このようにレールを少しずつ敷いていって、最後にマックス・オフュルスの創造の真の助手、撮影監督アラン・ドゥアリヌー[45]を登場させるのです。彼こそが、カメラのファインダーを直接覗いていた人物です。彼は非常に好人物でした。『輪舞』を撮っていた最初の頃は、どうしてカメラがずっとやぶの中にいるのか理解できないとぼやいていたのですが、段々と私たちの友人になっていきました。俳優たちのリハーサルをしながら、このドゥアリヌーとともに、マックス・オフュルスはカメラワークを見つけていったのです。ほとんどの場合、シークェンス・

44　長回し、ないしはワンシーン・ワンカットのこと。

45　フランスの撮影監督。一九〇九年生―一九八七年没。

ショットでの撮影という結論になりました。父は編集作業をしたくなかったのです。ただ、理由はそれだけでなく、ハリウッドでの経験があったからです。ハリウッドでは、マックス・オフュルスはプロデューサーではなく、注文をこなしていただけでした。しかし、シークェンス・ショットで撮っておけば、自分の編集をプロデューサーに好き勝手にいじられるのを、多少は避けられることを知っていたのです。

「人生とは運動なのよ」

（観客から）先ほどマックス・オフュルスはペシミストだったというお話がありましたが、それは映画からも感じられます。各エピソード《スケッチ》は、かなり重い言葉で終わりますからね。ただ、それと同時に、ご存じの軽やかさがあります。だから、こう思うのです。彼の喜びをなしたのは、映画を作ること、監督するという快楽だったのではないかと……。ずっと知りたかったことなのですが、現実生活の中で優勢だったのは、軽やかな人物像の方なのか、それとも暗い側面の方なのでしょうか……。

オフュルス　それが違うのです。冗談はよく言う質《たち》でしたが、家では必ずしもそうではありませんでした。父は鬱持ちであると同時に、かんしゃく持ちでもあり、それを妻と息子だけには発揮していたのです。ええ、彼はものすごいドイツ訛りで、とても滑稽な人物として知られていました……。彼はとても喜劇的で、話を聞いたり自分で話したり、冗談を言うのが大好きでした。しかし、それは仮面でもありました。なぜなら、彼の人生で幸せな瞬間は、いつもほんの一瞬しか続かなかったからです……。常に何かを追いかけていなければならない人でした。彼の映画でカメラがいつも動いている理由の一つは、人生に対するこの根本的な姿勢を表現するためです。来たなと思ったら、もう過ぎ去っているのです。ローラ・モンテス［『歴史は女で作られる』の主人公］が、次のように言うシーンがあります。「私にとって、人生とは運動なのよ……」。階段、廊下、円舞曲《ワルツ》、サーカスのリング、こうした舞台装置はすべて、彼がモーパッサンに見出したこの考えを表現するためのものだったのです。モーパッサンとはそりの合わないところもあって、原作にある女性蔑視や自然主義的な側面は打ち消そうとしています。ですが、モーパッサンに見出される、このはかなさという側面……、何と言ったらいいのかこの……。

ゴダール　印象派的な側面……。

オフュルス　ええ、印象派的な側面、まさしくそれです。

渦巻きのようなカメラワーク

（観客から）ジャン・ルノワール[46]と似たところが数多くあると思うのですが。

オフュルス　ええ……。

（観客から）私は別の意見です。『ピクニック』[47]を映画化していることからも、ルノワールとモーパッサンとのつながりは確かです。しかし、オフュルスのすごいところは演出の完璧さであり、渦巻きのようなカメラワークの中に引き込まれていくところにあります……。この手の映画の欠点は、ルノワールほど人物を輝かせることがないということです……。ルノワールの方が、映画を作る可能性をもっと役者たちに与えています。その点では、ルノワールはヌーヴェル・ヴァーグに近い……。

（観客から）おっしゃる通りだ。反対に、オフュルスはモーパッサンにも

46　ジャン・ルノワールはフランスの映画監督。代表作に『ゲームの規則』（一九三九年）、『大いなる幻影』（一九三七年）。父は印象派画家のピエール＝オーギュスト・ルノワール。一八九四年生―一九七九年没。

47　モーパッサン原作、ジャン・ルノワール監督、シルヴィア・バタイユ主演の一九四六年公開のフランス映画。軽快にブランコを漕ぐシルヴィアを映した屋外の場面が有名。

ジャン・ルノワール監督『ピクニック』

っと近い。彼が描いているのは中産階級や男と女の関係だし……。

オフュルス　これは、父親の作品全ての継承者となってしまった息子の不幸を物語る逸話の一つですが、ある時、三つのエピソード《スケッチ》の間にある暗転部分[48]が全部カットされてしまったことがありました。つまり、モーパッサンの台詞の部分が切られてしまったわけです……。そして、その状態でテレビ放送されたのです。こんなことになったのは、まだ私が全作品の権利を取り戻せていなかったためです。クロード＝ジャン・フィリップ[49]宛に非難を連ねた恨みのファックス（いや、当時はまだ書留郵便でした）を送りつけて、次のような指示をしてあったのにです。「上映技師によってカットされたこのヴァージョンを決して放送してはいけません。その部分のモーパッサンの台詞がないと、三つのエピソード《スケッチ》の関係がわからなくなりますから」とね……。『快楽』がオムニバス映画として作られたのは、『輪舞』[50]が大ヒットしたからです。父には生計を立てる必要がありました。企画も進んでおらず、ハリウッドに戻ることもできませんでした。それで、誰にも迷惑はかけまいと思って、『快楽』という映画で三つのエピソードをつなげたのです……。その結果、劇場にはほとんど観客が入らず、父は完全なる無理解にさらされました。そして、

48　『快楽』の三つのエピソードは暗転で繋がれており、そこにナレーションが入っている。

49　フランスの映画評論家でありテレビ・プロデューサー。一九三三年生–二〇一六年没。

50　先に公開された『輪舞』もオムニバス映画だった。

フランスが誇る国民的作家に外国人が取り組んではいけない、ということを思い知らされたのです。映画に出てくる教会の天使像すら、ウィーン風だと批判されました。ですが、父はウィーンではなくザール地方[51]出身で、ウィーンを嫌っていました。彼の描くウィーンは『恋愛三昧』、『忘れじの面影』、『輪舞』に出てくる幻想のウィーンであり、彼だけの世界です。あれらの教会は現実に、ノルマンディー地方に、映画のままに実在しています……。内容と形式について言えば、『快楽』が三枚続き《トリプティック》の絵画として構成されているのは確かです。その頂点に位置するのは教会です。父は根っからの俗人でしたが……。

（観客から）反教権主義[52]的な側面が見られます。やはりそこが観客を驚かせてしまったのではないでしょうか……。

オフュルス　『快楽』はとても反教権主義的ですが、あのシーンには、本当の意味での宗教的な感情があります。反教権主義はモーパッサンの「テリエ館」に由来するものです。それにしても、なぜ教会で全員が泣き崩れるのか。としても不思議ですね……。[53]

51　ドイツ・フランスの国境地帯でドイツ側に位置する地域。

52　ローマ・カトリック教会や教皇の権威・権力（教権）を認めない立場。

53　「テリエ館」の一シーンで、教会で初聖体拝領にのぞむ子供たちの姿を見て泣き出した娼婦ローザの嗚咽につられて、教会内にいた娼婦たちや農民たちが、老若男女を問わず、泣き始める。

（観客から）映画版では、あのシーンはより強烈だと思われます。ところでクリスチャン＝ジャックの映画が話題になっていましたが、私の意見はゴダール氏ほど手厳しいものではないのですが……。

オフュルス　ゴダール氏ほど手厳しい評価をする人は、まずいませんよ……（笑）。

映画に風刺は存在しない

（観客から）モーパッサンに見られる宗教的な感情について、あなたのお父さんはかなり風刺的に描いているように私には見えました……。

オフュルス　ですが、風刺は感情を妨げはしないと思います。あの映画には、儚《はかな》さをめぐる感情が描かれています。「仮面」で扱われた夜の生活には、束の間の瞬間に愛着せずにいられない人々の心情が描かれています。そして突然、あの教会のシーンでは、都会からやって来た「娼館の」婦人たちと、彼女たちの存在に目をつぶろうとする農村の人たちを通じて、それらの感情が全てひとつに混じり合うのです……。この映画には、モーパッサンの散文よりも、現実に即した心の動きがあると思います。

ゴダール　わたしの意見では、正確な意味での風刺というものは一切ありません。なぜなら、風刺《サチール》というのは文学の中のジャンルの一つであり、映画には存在しえないものだからです。

オフュルス　アイロニーは存在します、喜劇も存在する。ですが風刺は存在しない……。

ゴダール　［観客に向かって］あなたの考えは「アインシュタインの公式は風刺的である」と言うようなものですよ……（笑）。その意味では、見当違いです。音楽の場合、台本《リブレット》があれば風刺的にもなりえるでしょう。ですが、台本がなければ風刺的にはなりえないのです。小説『カンディード』[54]を例にしてみましょう。わたしは『カンディード』を偉大なテクストだと考えていますが、この作品の中には、風刺的なものは何一つありません。ところで、その当時、『快楽』の中のこのシーンをけなすために用いられた言葉を覚えています。「ロココ風」だと言われたのです……。モーパッサンの原作にはない要素ですか

54　一八世紀フランスの啓蒙思想家ヴォルテールによる哲学小説。一七五五年のリスボン大地震の不条理に触発され、この世界が可能世界の中で最善であるという考え方を問うべく執筆された。ここでゴダールが『カンディード』を例に出しているのは、ヴォルテールの

らね。それは、トリュフォーによって「フランス映画に見られるある傾向」[55]の記事が書かれる以前の出来事でした。当時というのは、文学作品や脚本の映画化の方法が高度にコード化されていて、『脂肪の塊』[56]のような映画化の仕方が称賛される時代だったのです。この『脂肪の塊』については、わたしも正しい《コレクト》映画であることは完全に同意しますが、偉大さは全く感じません……。

オフュルス あの映画は飛び立たないのです。父の映画の場合、移動撮影だけではなく、やはり映画が飛び立っています。

（観客から）ですが、感情のない映画ではないですか……。

オフュルス 『快楽』がですか？

（観客から）ええ……。

映画だけがなしうること

ゴダール 結局、映画批評に書いてあった適当な基本データに依拠しつつ、各

得意の文学ジャンルが風刺だったからである。

55 文学作品の映画化が良質な映画であるとされるフランス映画界の現状を批判する、フランソワ・トリュフォーが『カイエ・デュ・シネマ』第三一号（一九五四年一月号）に発表した記事。事実上のヌーヴェル・ヴァーグの宣言書となった。

56 前出。19頁参照。

自が勝手に解釈しているというのが現状なのです。そして、好きか嫌いかではなく、これがあってあれがないと言いたがるのです。映画『脂肪の塊』は、原作に忠実ではないにもかかわらず、当時の人々はあの作品を映画化の模範のようにみなしていました。例えば、ジッド[57]の原作を映画化したドラノワ[58]の『田園交響曲』（一九四六年）や、クリスチャン＝ジャックの作品で言えば『パルムの僧院[59]』（一九四八年）と同じようにです。もしマックス・オフュルスが『パルムの僧院』を映画化していたら、きっとあんな風にはならなかったでしょう……。観客は何か別のものを感じ取ることになったはずです。ともかく、当時言われていたのとは反対に、オフュルスは別の仕方で、モーパッサンにより近かったのです。カメラだけがなしうることを感じ取れない人は、絵画における鉛筆やぼかしの筆使いを感じ取れない人と同じです。感じ取れない以上、それについて何も言うことができません。しかし、ギャバンが列車から降りる娼婦たちを出迎え、何くれと世話を焼くその仕方や、もしくは、村を発つ娼婦たちの列車にギャバンが並走しようと頑張っている場面では、移動や儚さといったものを感じ取れない人でも、しかるべく運動しているカメラの動きによって、それを感じ取ることになるのです。それらの場面は、他の映画作家たち、たとえばドライヤー[60]であれば、固定カメラで撮影する場面

57 アンドレ・ジッドはフランスの小説家。代表作は『狭き門』、『贋金つくり』。一八六九年生－一九五一年没。

58 ジャン・ドラノワはフランスの映画監督。一九〇八年生－二〇〇八年没。

59 フランスのロマン主義小説家スタンダール（一七八三年生－一八四二年没）が原作。

60 カール・ドライヤーはデンマー

です……。わたしが言いたいのは、マックス・オフュルスの映画には、文学がなくなる瞬間、台本《テクスト》がなくなる瞬間が訪れるということです。もちろん台本は、技術班と呼ばれる一群の人々に目印を与えるのに役立ちます。つまり、言語という伝達手段がある以上、技術班にしてもらいたいことを説明するために、さらに映画を一本作るなんて手間をかけなくてよいのです。ですが、ある瞬間に、もはや台本はなくなります。音楽においてそうであるように、もはや楽譜すらなくなるのです。そこには別の何かが現れます。最初から、それを持っている人たちもいます。台本を全く必要としない人たちです。他方、マックス・オフュルスのように、とても存在感のある台本を使う人もいます。ただし、作者は深遠な作家ではありません。当時のナタンソンは大脚本家ではなく、むしろオーランシュ[61]やボスト[62]の方が……。

オフュルス　ナタンソンの方がはるかに優れていましたよ……。もっとさりげなくて、もっと優れていました。それはともかく、リアリズムの話に戻りたいと思います。というのは、父が叩かれたのは、「ガイジン」であったことだけではなく、リアリズムが欠けているという指摘もあったからです……。もちろん、フランス流のリアリズムということです。ところで、ダニエル・

クの映画監督。その代表作『裁かるるジャンヌ』（一九二八年）の一場面を、ゴダールは自作『女と男のいる鋪道』（一九六二年）の中で使用している。一八八九年生－一九六八年没。

61　ジャン・オーランシュはフランス映画の脚本家。ボストと組んで多くの作品を残した。『田園交響曲』も数多い共同脚本の一つ。フランソワ・トリュフォーは一九五四年一月に『カイエ・デュ・シネマ』誌（第三一号、一五－二九頁）に発表した記事「フランス映画のある傾向」で、オーランシュ＝ボストの脚本家コンビを名指しで、しかも、オーランシュの写真

ダリュー[63]と父は懇意の間柄でした。ダニエルは父の頭に浮かんだ映画ならどんなものにでも出演すると言ってくれていたので、父は彼女に電話しました。「テリエ館」のマダム・ローザは小人で、醜女《しこめ》という設定だったのです。電話口に出たダニエルに父は言いました。「モーパッサンの原作で映画をつくる予定です。あなたの役は小人ですよ」。彼女は「わかったわ、最高だわ……」と答えてくれました（笑）。

演劇からの影響

（観客から）マックス・オフュルスの人生に絵画の影響はありましたか。

オフュルス　父はあまり美術館に行く人ではありませんでした。さっき、ジャン＝リュックとも、私たちはあまり美術館に行かないという話をしていたところです。美術館通いはブルジョワ文化に属するものであり、父は少し嫌悪感を抱いていたのだと思います……。尊敬すべき良きブルジョワの一人として、レンブラント[64]の絵の前にたたずんではまた次の絵に進むという営みは、あまり父に似つかわしいものではなかったのです。彼の教養はとても広く、実際、とても国際的なものでしたが、それは単純に、人生への愛によって自

を巻頭に掲載するという念入りさで槍玉にあげている。一九〇三年生－一九九二年没。

62　ピエール・ボストはフランスの小説家、ジャーナリスト、脚本家。オーランシュと組んで多くの作品を残した。一九〇一年生－一九七五年没。

63　『快楽』の「テリエ館」の娼婦ローザを演じたフランスの女優。一九一七年生－二〇一七年没。

64　レンブラントはオランダの画家。一六〇六年生－一六六九年没。

然に身についたものでした。父は頭の中で物事をきちんと整理していましたし、おそるべきバイタリティ、吸収力、そして集中力を備えていたのです。父は印象を記憶として蓄積することができましたが、ジャン＝リュックのように、音楽の影響力、絵画、文学を結びつけることはしませんでした。父は演劇人であり、多少、落ちこぼれでもあったのです。十九歳から三十歳にかけて、彼はドイツ演劇のシステムの中で育ち、二百ほどの舞台の演出をしました。シェイクスピア[65]、モリエール[66]、ブレヒト[67]、エルンスト・トラー[68]等々です。しかも、一晩の間に、象徴や太鼓の音があふれる表現主義的な舞台から、かつらを被った役者が演じる古典劇までをこなしていたのです。ある晩から別の晩へと、ある週から別の週へと、そして最後にはある国から別の国へと渡り歩きながら、彼はそうした全てを吸収してきたのです。

スタジオかロケか

（観客から）『快楽』では、ロケ撮影で撮られた田舎の風景が町のシーンと同じぐらい人工的に見えます……。それが心地良いのですが……。

オフュルス　違います。心地良いという形容では、彼への褒め言葉としては足

65　ウィリアム・シェイクスピアは、イギリス・ルネサンス演劇を代表する劇作家。代表作に『ハムレット』。一五六四年生－一六一六年没。

66　モリエールは、フランス古典主義の三大劇作家の一人。代表作に『人間嫌い』。一六二二年生－一六七三年没。

67　ベルトルト・ブレヒトはドイツの劇作家。代表作に『三文オペラ』。一八九八年生－一九五六年没。

68　ユダヤ人家系出身のドイツの劇作家。表現主義的な作風で知られ、反ナチス・ドイツの立場を取る。一八九三年生－一九三九年没。

りません。私に言わせれば、天才的です……。花畑の素晴らしいシーンですが、当時の批評は、花が挿し花だと言って大騒ぎをしました。花が咲いている季節ではなかったので、芝生を飾るには挿し花を使うしかなかったのです。しかも、娼婦たちを歌わせるために、ピアノまで運ばせています。そうです、父が人工的な世界から出ることは決してありませんでした。実際、列車の汽笛が鳴り、屋外に出れば、そこもまた統御された舞台装置となるのです。「モデル」[69]のラストシーンの海岸のようにです。トリュフォーとリヴェット[70]によるインタビューの中で、マックス・オフュルスは次のように語っています。スタジオの方が統御できるから好きだけれど、少しの幸運に恵まれれば、「モデル」のラストシーンのように、屋外撮影でもおあつらえ向きに空を覆っている雲を手に入れられる、と。ただし、これに関しては、ほとんどオカルトじみた話です。撮影の最終日に、トゥルーヴィル[71]の天気をコントロールするなんて不可能ですからね。黒ずくめの二人の登場人物の上空に、たまたま暗雲がたれこめていただけのことです。ところで、『ズーム』[72]を作っていた頃、一九六七年のナンテール[73]で、ミシェル・クルノ[74]と三人で君に会ったのを覚えています。その時、クルノがこんなことを言ったのです。「三人のDをやっつけなければならない。デュヴィヴィエ[75]、ドコワン[76]、ジャン・ドラノワだ」。

69 『快楽』の三番目のエピソード。

70 ジャック・リヴェットはヌーヴェル・ヴァーグを代表する映画監督・批評家。独特な作品作りで知られ、カルト的な人気を誇る。代表作に『セリーヌとジュリーは船でゆく』(一九七四年)、『北の橋』(一九八一年)。一九二八年生－二〇一六年没。

71 フランスのノルマンディー地方の海岸にある有名な避暑地。フロベール、プルースト、デュラスといった作家たちに愛された。

72 一九六五年から一九六八年に放

そうしたら、ジャン゠リュック、それを聞いた君は、とても静かにこう言ったんだ。「映画作家が階段を使いたいと思ったら、二つの方法がある。一つは、頭の中にある階段のイメージを作らせる方法。もう一つはロケハンで、階段をみつけて、現実に存在するこの階段から映画を作る方法だ」。【観客に向かって】この時、ジャン゠リュックが階段のことを言ったのは、偶然ではありません……。あれ、君は覚えていないのかい。

ゴダール　全然……（笑）。

オフュルス　ともかく、さらに続けてジャン゠リュックはこう言いました。「僕の意見を言わせてもらえば、階段を想像して、それを現実に作らせる能力を持つ人たちに大いなる敬意を抱くよ」。思い出せないかい。覚えてるだろ。

ゴダール　そう言えば、そんなことも言ったかな……。

オフュルス　この言葉は、喧嘩中の相手の背中に、君が突き立てたナイフだった……。だけど、君がそう言ったのは、オフュルスの息子がそこにいたから

送されていたフランスのニュース番組で、マルセル・オフュルスも制作に参加していた。

73　パリ郊外の都市で、都市再開発地区ラ・デファンスには高層ビルが立ち並ぶ。そこにあるパリ・ナンテール大学は、六八年五月革命が始まった場所としても知られる。

74　フランスの作家、ジャーナリスト、映画作家。一九二二年生－二〇〇七年没。

75　ジュリアン・デュヴィヴィエはフランスの映画監督。一九三〇年代から一九六〇年代にかけて活躍した。代表作に『舞踏会の手帖』（一九三七年）。一八九六年生－一九六七年没。

76　アンリ・ドコワンはフランスの映画監督。一人目の妻であったダニエル・ダリューを主演に起用した作品も多い。一八九〇年生－一九六九年没。

だと思っていたよ……。

『ホテル終着駅』の衝撃

（観客から）お二人が、共同で映画を作るという計画はないのですか。例えば、政治的なテーマで、ヨーロッパやフランスで起きていることに関してとか。

オフュルス　全くわかりません。ただ、ケーブルテレビで放映されていた『ホテル終着駅』[77]を見たジャン＝リュックが、何年も会っていなかったのに、私に電話をかける気になったのです。彼とアンヌ＝マリー・ミエヴィルがそれをとても良い作品だと思った、ということを伝えるためにです。その際、実現するかわからないけれど、ある企画について話があるから会いたいと言われました。とはいえ、その企画についてちゃんと話し合っていませんから、二人で何ができるのか全く検討もつきません。

ゴダール　本当のことを言うと、わたしから人に声をかけることは、ほとんどありません。孤立状態で暮らしているのです。現在の映画界ともたいした交

77　マルセル・オフュルス監督による一九八八年公開のドキュメンタリー映画。正式題名は『ホテル終着駅　クラウス・バルビーの生涯とその時代』。クラウス・バルビーは第二次世界大戦中のナチス・ドイツの将校である。彼は赴任先の占領下フランスのリヨンで、ゲシュタポ（秘密警察）の責任者として、数多くのレジスタンスを逮捕し、さらに拷問を加えた。彼に殺された人物として最も有名なのは、レジスタンスの英雄ジャン・ムーランである。当時のリヨ

ジャック・リヴェット

渉はありません。だから、つまりは君の作品を観て、感想を話したくなったということなのです。ほとんど話ができないというのは、すごく苦しい。たとえば、今ここでしているような議論です。いつも来てしまってから、そのことに苦しむのです。ここでの議論はかなりフワフワしたものですし、盛り上がりもほとんどなく、それなりに楽しくはありますが、それだけのことです。一八〇〇キロを移動してここに来て、一八〇〇キロを移動して家に帰るわけですが、一体、自分が何を得ただろうかと自問してしまいます。もちろん、目的はこの対談の場に来ることではありませんでした。今ここにいるのは、自らの意志で、マルセルに付き合っているだけです。なるほど、彼の映画をわたしはこれまで観てきませんでした。その存在すら知らないものも沢山あります。しかし、彼の『ホテル終着駅』は絶対的に素晴らしい映画だと思いました。それはクラウス・バルビーの時代ないしは世界と呼ぶべきものであり、『ショア』[78]に匹敵するとても偉大な映画、いや、よりシンプルで、より自然であるという点において、『ショア』よりも優れているとさえ言える映画です。それゆえ、中東で現在起きていることを題材にした私のあるアイデアについて、マルセルにいくつか質問をしたいと考えたのです。ですが、わたしが話をしたかったのは、わたしを対話者として扱う人物ではなく、わたしとおし

ンはレジスタンスの中心地で、一九五六年のロベール・ブレッソン監督の映画『抵抗』(一九五六年)の舞台にもなっている。

78 クロード・ランズマン監督による一九八五年公開のドキュメンタリー映画。第二次世界大戦中のナチス・ドイツによるユダヤ人大量虐殺の被害者・加害者となった人々へのインタビューからなる五〇三分の映像作品。

ゃべりするのを楽しんでくれる人物だったのですが……。

ゴダールが推す四本の現代映画

オフュルス　一八〇〇キロの移動は無駄だったと思っているのかい。

ゴダール　君とのことは無駄じゃないよ。喜んでしていることさ……。だけど、その後で別の場所に連れ出されて、難しい討論に参加させられるのはちょっとね。だってシネクラブの黎明期、こう言ってよければ、その青春時代を僕は体験しているから、上映のすぐ後に議論をしたり、何かを言ったりするには限界があることを知っているんだ。時にはよいプレゼンターがいて、準備がなされていると、うまく行くこともあるさ。だけど、僕たちが行った議論はかなり平凡だったし、議論にすらなっていない。いくつかの質問に礼儀正しく答えているだけだ……。ただ、君の方は別の感じ方をしていて、何か得るものがあったのなら嬉しい。とくに映画作品だ。僕に関して言えば、マックス・オフュルスの好きな点を言った。この話を深めるためには、もっと多くの……[79]が必要になるだろう。ルノワールの『ピクニック』に出てくる自然は本物だ。そしてマックス・オフュルスの映画に出てくる自然は偽物だ。し

79　原文ママ。

かしながら、この偽物は、本物やそんなふうに言われているものよりも本物なんだ……。ところで、聞いたところでは、この映画館の経営が順調ということで嬉しいです。芸術・実験映画は、やっていくのが難しい時代ですからね。まあ、実際には、『アメリ』[80]が芸術・実験映画に分類されてしまっていますが、これも少しも驚くべきことではありません……。さて、観客の皆さんのために、わたしが今年に観た四つの良い映画を教えてあげましょう。現在、わたしは映画をほとんど観ていません。わたしの住んでいるところ[81]では、アメリカ映画しか公開されず、出てくる俳優の名前も監督の名前も知らないものばかりです。さっぱりわかりません。だから、それ以外の映画ということになりますが、良い映画（セザール賞[82]にもノミネートされていませんでした）は、アラン・ギロディ[83]の二本の作品『貧者に注ぐ陽光[84]』と『動き出すかつての夢[85]』です。ともに『快楽』と同じぐらい素晴らしいと思うし、映画を作りたいという気持ちにいつもさせてくれます。残りの二つは、わたしの友人アンヌ＝マリー・ミエヴィルの『そして愛に至る[86]』と、アルチュス・ド・パンゲルン[87]による非常に奇妙なタイトルの一作『グレゴワール・ムーラン対人類[88]』です。多くの人々に観られて、話題になっているかどうかは知りません。ただ、『動き出すかつての夢』がいいと思うのは、社会主義者たちの敗

80 二〇〇一年公開のフランス映画。正式題名は『アメリ・プーランの素晴らしい運命』。ちなみに、ここでゴダールが「芸術・実験映画」を話題にしているのは、この対談の行われている映画館「メリエス座」に「芸術・実験映画館《シネマ・アール・エ・エッセー》」という説明が冠されているのを目にしたからに違いない。そして『アメリ』に芸術・実験映画として皮肉をこめて言及しているのは、当時、『アメリ』がメリエス座で上映されていたか、館内でポスターを見かけたからだと思われる。ホームページで確認する限り、二〇二二年現在も映画館は健在である。

81 スイス側のレマン湖畔に位置するロールという小さな村。

82 フランス映画に対して与えられるフランス国内で最も権威ある賞。

退を予言した予言的な映画であり、その意味で励ましを与えてくれるものだからです。というのは、わたしにとって映画とは、隠喩による、現在起きていることの試金石であり続けてきたからです。テレビにはそんなことはできません。テレビは情報伝達の道具に過ぎず、新聞と同じです。しかし、社会主義者たちの敗北を予言していた、二つの映画があるのです。[89] 一つは、右翼の勝利を予告していたエリック・ロメールの作品[90]であり、もう一つは、左翼の敗北を予告していたギロディィの作品です。みなさんが観られたかどうかは知りませんが、観てみなさい。わたしが正しい、ということがわかるはずです。

オフュルス　観てみるのが一番だね……（笑）。

ゴダール　いや、言い間違えました。映画が正しい、ということがわかるはずです……。

アメリカのアカデミー賞に相当する。

83　フランスの映画監督、脚本家、作家。『動き出すかつての夢』（二〇〇一年）で、ジャン・ヴィゴ賞を受賞。一九六四年生まれ。

84　二〇〇一年公開のフランス映画。失業中の若い美容師ナタリーがフランスの中央高地（コース）で、放牧していた動物たちを失った羊飼いの男と出会う。二人は動物を探してコース中を歩き回る。

85　二〇〇一年公開のフランス映画。カンヌ国際映画祭の監督週間に出品され、ゴダールは今年のカンヌで最高の作品と褒め称えた。物語の舞台は閉鎖直前の工場で、最後の機械を解体中に予期せぬ出来事が起きていく。

86　四人の男女を通じて恋愛や幸福について語られる。四人の出演者のうちの二人はゴダールとミエヴィル。二〇〇〇年公開。

対談時のゴダール（左）とオフュルス（右）（原書39頁）

87　フランスの俳優、脚本家、映画監督。一九五七年生−二〇一三年没。

88　二〇〇一年公開のフランスのコメディ映画。フランスの田舎の保険会社で働いていた、祖母と二人暮らしの男が主人公。三五歳を過ぎた彼がパリ上京を決意したとき、悪夢が始まる。

89　二〇〇一年九月一一日のアメリカ同時多発テロ事件の影響もあり、フランス社会も右傾化を避けられずにいる。二〇〇二年フランス大統領選挙では、当時現職のジャック・シラク（共和国連合）とリオネル・ジョスパン（社会党）による決選投票が行われるはずだという大方の予想を裏切り、ジョスパンは第一回投票で敗退し、極右政党のジャン＝マリ・ルペン（国民戦線）とシラクが決戦投票に進んだ。最終的にはシラクが大統領として選ばれたが、予想外の展開に、フランスはもちろん、国際的な世論も大きく動揺した。

対談時のゴダール（左）とオフュルス（右）（原書39頁）

90　題名は明示されていないが、同じ二〇〇一年に公開された『グレースと公爵』のことだと思われる。英国貴族の女性の視点からフランス革命が物語られる歴史物の作品である。

第二部　サン＝ジェルヴェ劇場での対談（二〇〇九年）

対談時のジャン＝リュック・ゴダール（原書 42 頁・撮影：アンドレ・ガズュ）

対談時のマルセル・オフュルス（同上）

ゴダールとマルセル・オフュルスの青春時代

ゴダール　いわゆるヌーヴェル・ヴァーグの時代から、マルセルの名前と評判は知っていました。父親のマックス・オフュルスのところに、トリュフォーとリヴェットがインタビューに行ったとき、仲介をしてくれたのがマルセルだったのです。その後も、トリュフォーがマルセルの映画制作を手伝ったとき、二、三度顔を合わせています。当時、マルセルはエディ・コンスタンティーヌ[91]主演の初期作品を撮り始めていました。ちなみに、ここが彼に聞きたかったところです。どういう経緯で、少しずつ映画の傾向を変えていったのかということです。つまり、もともと商業的なヒットを狙った映画を作ろうとしていたじゃないか……。本人的には、どうしてこうなったんだい。

オフュルス　ヒットしなかったからさ【テーブルを三回叩く】。ヒットしなかったからなんだよ。ジャン゠リュック、僕らには共通のものが山ほどある。例えば、僕がコンスタンティーヌ主演で撮った最低の映画[92]、つまり、僕の二本目の長編映画の公開日は、君の『アルファヴィル』[93]と同じだったんだよ(笑)。まったく、僕の撮った方は実に最低の映画だった。仕事は一つも来なくなっ

91　アメリカ人の俳優。フランスのハードボイルド探偵映画で主人公レミー・コーションを演じて人気を博す。ゴダールの映画『アルファヴィル』（一九六五年）でも同役を演じている。一九一七年生―一九九三年没。

92　マルセル・オフュルス監督、エディ・コンスタンティーヌ主演の映画『さあお賭けなさい、ご婦人方』（一九六五年）のこと。

て、かなりの期間、失業状態になってしまった。それ以前にも一本撮っていたけれど、それは全て僕たちの共通の友人のおかげだ。【ため息をつきながら】名前を出すことは避けられないね。そう、もちろんフランソワ・トリュフォーのおかげさ。クロード・ド・ジヴレー[94]もそうだったけれど、僕たちはトリュフォーのちょっとしたお気に入りだった。フランソワのおかげで、僕は映画を一本作ることができたんだ。作品は興行的には成功したけれど、当時の『カイエ・ドュ・シネマ』誌は黙殺した。あまり彼ら向きの映画とは言えなかったからね。ジャンヌ・モロー[95]とジャン＝ポール・ベルモンド[96]主演の『バナナの皮』という映画だった。そうそう、ジョルジュ・ド・ボールガール[97]の事務所に立ち寄ったあと、ラ・ベル・フェロニエール[98]で会ったときのことを覚えているかい。一緒に飲んでいたんだ。あの頃、僕はシュニッツラー[99]の『カサノヴァの帰還』を元にした脚本を書いているところだった。すごくオーソドックスに、カサノヴァを初老の金持ちとしてイメージしていた。だから何も考えず、役者はデ・シーカ[100]やマストロヤンニ[101]にしようと思っていた。ところが、ジャン＝リュックは違ったのです。この時のことはよく覚えています。だって、彼は即答したのです。違う、このカサノヴァは滑稽な人物だ、と即座に見抜き、「アルベルト・ソルディ[102]だ」と言ったのです。こいつはとんで

93 ゴダールが監督したSF仕立ての作品で、やはりレミー・コーションを役でコンスタンティーヌが主演している。正式な題名は『アルファヴィル　レミー・コーションの奇妙な冒険』（一九六五年）。マルセルの作品が黙殺されたのとは対照的に、こちらはベルリン国際映画祭で金熊賞を受賞。個人の感情・思想が排除された都市アルファヴィルに潜入したレミー・コーションが、都市を管理する人工知能の破壊工作の任務に取り組むという物語。

94 フランスの映画監督、脚本家。一九三三年生まれ。

95 フランスの女優。代表的な主演作に、ルイ・マル監督『死刑台のエレベーター』（一九五七年）。一九二八年生‐二〇一七年没。

96 フランスの俳優。代表的な主演作に、ゴダール監督『勝手にしやがれ』（一九六〇年）、同監督『気狂いピエロ』（一九六五年）。一九

フランソワ・トリュフォー

マルセル・オフュルス監督『バナナの皮』 ©公益財団法人川喜多記念映画文化財団

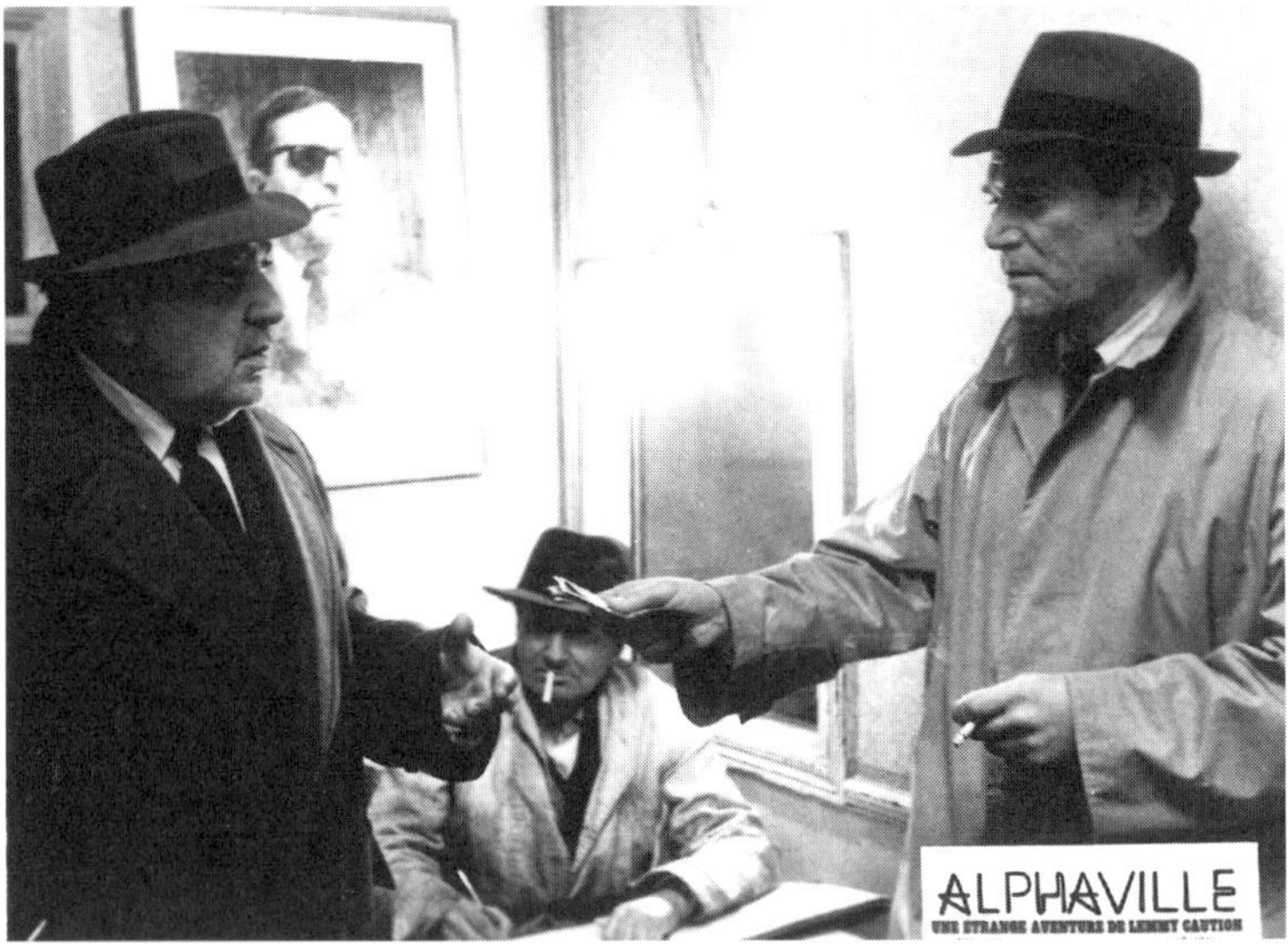

ジャン＝リュック・ゴダール監督『アルファヴィル』 ©公益財団法人川喜多記念映画文化財団

もなくすごいやつだと思いましたよ。当時にして既にね。その後も時々、顔を合わせる機会がありました。さておき質問は、どうして僕がドキュメンタリーの世界に入ったかだったね。全く簡単な話だよ……。生計を立てなきゃならなかったからさ。結婚して子供もいたから、何かしなければ、仕事を続けねばならなかったんだ。だから、フランス放送協会（ORTF）[103]だって上等だった。もちろん僕はこう言った。「ビュット＝ショーモン[104]のお偉方なんか、くそくらえだ。あいつらなんか認めるもんか。やつらのみじめったらしい生放送なんかで働きたくない」とね。だけど、当時はインテリ向けだった2チャンネルには、二人だけ、他の連中よりも自由に動いているように見えるやつらがいたんだ。それほどド・ゴール主義者でもないし、それほど順

三三年生－二〇二一年没。

97 フランスの映画プロデューサー。ヌーヴェル・ヴァーグの映画作家たち、とりわけゴダール監督『勝手にしやがれ』の製作をしたことは有名。一九二〇年生－一九八四年没。

98 ルーヴル美術館所蔵のレオナルド・ダ・ヴィンチの絵の名前にちなんだパリのカフェ。

99 アルトゥル・シュニッツラーは、オーストリアの医師、小説家、劇作家。世紀末ウィーンの退廃的な雰囲気が特徴。代表作に、マックス・オフュルスが映画化した『輪舞』（一九〇〇年）。一八六二年生－一九三一年没。

100 ヴィットリオ・デ・シーカは、イタリアの映画監督、俳優。監督としての代表作に、ネオレアリズモの傑作『自転車泥棒』（一九四八年）。一九〇一年生－一九七四年没。

101 マルチェロ・マストロヤンニは、二〇世紀イタリアを代表する俳優。代表作に、フェデリコ・フェリーニ監督『甘い生活』（一九六〇年）。一九二四年生－一九九六年没。

102 イタリアの喜劇俳優。主な出演作に、フェリーニ監督『青春群像』（一九五三年）。一九二〇年生－二〇〇三年没。

103 フランス放送協会（ORTF）は、フランス国営放送（RTF）を継承するかたちで一九六四年に設立された。ただし、そのド・ゴール主義的な傾向が批判され、一九七四年には、放送の自由・独立を確立するため、当時の大統領ジスカール・デスタン、首相ジャック・シラクによって解体された。その結果、ラジオ、テレビ局は各チャンネルに分割された。

104 フランス放送協会の三大拠点のうちの一つ。パリ一九区。とくにビュット＝ショーモンには、巨大なテレビスタジオが置かれていた。

応主義者でもなさそうだった。その二人というのが、アラン・ド・セドゥイ[105]とアンドレ・アリス[106]です。私は二人の仲間になり、様々なテーマを扱う、彼らの二〇分の枠番組のために仕事を始めました。しかも、すでに長編を撮った経験があったので、リーダーは私でした。そうこうしているうちに、ある日、彼らの雇用主クロード・コンタミニーヌ[107]から、夜の放送枠全部を使った特別番組を作るようにという指示が来たのです。当時、アリスは友人でした。後に絶交してしまうのですが、ともかく当時は友人だった彼が「ミュンヘンについてやろう」と言ったのです。「ミュンヘンというのは、町についてかい、それともミュンヘン会談[108]についてかい」と私が尋ねると、彼は「会談の方だ」と答えました……。こうして、私の最初の歴史ドキュメンタリー作品が誕生したのです。老ダラディエ[109]［当時の仏首相］と老ボネ[110]［当時の仏外相］が出演しています。出演者は老人だけという映画です。とはいえ、記録映像とともに、当時の指導者たちが喋っているのですからね。三時間半の長さになりました。観終わってから、二人はこう言いました。「これは続編を作らなきゃならないようだ」。というわけで、『悲しみと哀れみ』[111]の企画が始まったのです。ですが、そうこうしているうちに、六八年五月革命が始まり、私たちは解雇されてしまいました。ジャン＝リュック、さっき［楽屋で？］ビアジーニ[112]の話を

105　フランスのジャーナリスト、映画監督、テレビ・プロデューサー。アンドレ・アリスとともに、月に一度のニュース番組『ズーム』を一九六五年から一九六八年五月にかけて製作。一九六八年、五月革命への参加を理由にフランス放送協会を解雇される。マルセル・オフュルス監督『悲しみと哀れみ』の共同プロデューサーを務める。一九二九年生まれ。

106　フランスのジャーナリスト、映画監督、テレビ・プロデューサー。アラン・ド・セドゥイとともに、月に一度のニュース番組『ズーム』を一九六五年から一九六八年五月にかけて製作。一九六八年、セドゥイと同じく、フランス放送協会を解雇される。マルセル・オフュルス監督『悲しみと哀れみ』の共同プロデューサーを務める。一九三三年生－一九九七年没。

107　フランスの高級官僚。フランス

したよね。ストライキ[113]初日の夜、コニャック=ジェイ通り[114]のエレベーター内で、ばったり彼に出くわしたんだ。僕は当時それほど有名ではなかったから、どうしてかわからないけれど、こんなことを言われた。「オフュルス君、わかっていますね。わたしたちはあなた方に優しくしているのですよ。電気を切らずにいるのですからね」（笑）。その結果が、今の有様です。とはいえ、僕は本物の映画に戻りたかったんだ。君は百本くらい作品を撮っているけれど、僕はたった十九本だ。ただし、僕の映画は君の映画よりもずっと長い（笑）。もちろん、それは必ずしもより良いというわけではない。

放送協会のテレビ部門局長（一九六四－一九六七年）を始めとして、テレビ界の重役を歴任。一九二九年生－二〇一七年没。

108　一九三八年九月二九日、チェコスロヴァキアのズデーデン地方を併合しようとするナチス・ドイツの強行路線に欧州各国が譲歩した歴史的会談。参加したのは、イギリスのチェンバレン、フランスのダラディエ、イタリアのムッソリーニ、ドイツのヒトラー。自国の保身を優先し、ヒトラーの要求を全面的に認めるという典型的な宥和政策が取られたが、その結果として後の歴史的悲劇が招来されたと批判されている。

109　エドゥアール・ダラディエは、フランスの政治家。急進社会党に所属し、ミュンヘン会談のときも含め、三度にわたって首相を務めた。占領期は強制収容所で過ごした。一八八四年生－一九七〇年没。

110　ジョルジュ・ボネは、フランスの政治家。急進社会党に所属し、ミュンヘン会談では外務大臣を務めた。一八八九年生－一九七三年没。

111　ドイツ=スイス製作で作られたマルセル・オフュルス監督『悲しみと哀れみ』（一九七一年）はヴィシー政権を生きた人々へのインタビューを主として構成されたドキュメンタリー映画である。フランス占領期のヴィシー政権の対独協力とユダヤ人迫害が単にナチス・ドイツに強いられただけではなく、一部のフランス人たちの自発性に基づいていたことを明らかにした画期的な作品である。テレビ放映が拒否されるなどの紆余曲折はあったが、その後のフランス現代史におけるナチス・ドイツ占領期の解釈を大きく変えるきっかけを作った。

112　エミール=ジョゼフ・ビアジーニはフランスの政治家。レジスタンス出身のド・ゴール主義者。当時の文化大臣アンドレ・マ

マルセル・オフュルス監督『悲しみと哀れみ』 Ⓒ Everett Collection / アフロ

ゴダール　そうだ、長さについては言おうと思っていたところだ。本当にその通りだ。でも、君は当時の気持ちを本当に覚えているのかい。というのも、「僕は本物の映画に戻りたかったんだ」ってところが気になったんだ。君が飛び込んだ世界はつまり……。

オフュルス　窮屈な映画さ。

劇映画とドキュメンタリー映画の境界

ゴダール　それは、ドキュメンタリーについて人々がしばしば言っていることに過ぎない。人はドキュメンタリーとフィクションをいつも区別するけれど、『カイエ・デュ・シネマ』誌の時代には、両者を絶対に区別しなかった。エイゼンシュタインは偉大なるドキュメンタリー映画作家だし、ロバート・フラハティ[115]は偉大なるフィクション映画作家だと言っていた。ちなみに、これは完全に間違いというわけではない。フラハティは色々と再現させていたからね……。現在は知りませんが、当時のロシア人たちについて言えば、彼らは両者を区別してはいたけれど、ドキュメンタリーとも、フィクションとも

ルローから一九六一年に文化省の演劇・音楽・文化活動部長に任命される。一九六七年には、フランス放送協会のテレビ部門局長に就任するが、一九六八年五月革命の後の「魔女狩り」に嫌気がさして、同年六月に辞職。一九二二年生－二〇一一年没。

113　一九六八年の学生運動の際、初期には報道規制がしかれ、テレビ報道は慎重に避けられていた。実際、『パノラマ』というニュース番組が学生運動について扱おうとすると、放映直前に政府から差し替えの指示が出た。五月革命の進展とともに、報道の自由を求め、テレビ局員とジャーナリストたちは五－六月にストライキを行った。

114　フランス放送協会の三大拠点の中でも本部の置かれた場所。パリ七区。

115　アメリカの記録映画作家。ドキュメンタリー映画の父とされる。代表作は、史上初のドキュメンタ

ロバート・フラハティ監督『極北のナヌーク』のスチール写真
(撮影：ロバート・フラハティ)

呼んでいませんでした。わたしたち「『カイエ・デュ・シネマ』の批評家たち」の場合は、役者を使う映画と役者を使わない映画があって、前者を多少なりとも興行的な意味を持つフィクションとして、後者をドキュメンタリーだと考えていました。

オフュルス　なるほど。それでは『自転車泥棒』[116]はどちらになるんだろう。

ゴダール　いい指摘です。ネオレアリズモの影響、つまり、ロッセリーニや他の多くの映画作家たちの影響で、状況は少しずつ変わってきています。しかし、未だにこの区別はあります。例えば、亡くなってもう随分になる、私の大切な友人キャロル・ルソプロス[117]の場合です。彼女に関する記事がいくつか出ていますが、それらもドキュメンタリー作家として言及するだけで、偉大な映画作家としては扱っていません。わたしたちにとっては、偉大なドキュメンタリー作家も偉大な映画作家も同じことです。ジャン・ルーシュ[118]の初期作品群が愛されているのは、この両面を備えているからです。彼の作品では、両者が調和しています。君の映画で言えば、『ホテル終着駅』には、まさしくこの両面があり、両者を対立させることはできません。とりわけ僕が興味

リー映画とされる『極北のナヌーク』（一九二二年）。一八八四年生−一九五一年没。ナヌークは主人公の名前であり、イヌイットの家族の長。アザラシを獲る場面などがサイレントで撮影されている。この作品は、演出がかなりあったと指摘され、一時はドキュメンタリー映画としての評価は低かった。しかし、近年、人類学者の箭内匡らによって、演出の有無ではなく、共同で映画を制作するという手法の先進性が指摘され、再評価が進んでいる。

116　一般人に演じさせて現実のローマでロケ撮影をしたデ・シーカの映画。一九四八年公開。

117　スイスとフランスで活動した映像作家。フェミニズム運動の立役者としても知られる。一九四五年生−二〇〇九年没。

118　フランスの人類学者にして映画監督。近年、映像人類学の父として、フラハティとともに注目され

ヴィットリオ・デ・シーカ監督『自転車泥棒』 ©公益財団法人川喜多記念映画文化財団

をひかれたのは、両者の境界線とでも言うべきものを、君が飛び越えてしまっているところです[119]。

オフュルス 偶然にね……。

ゴダール それを飛び越えたのは偶然だと君は言うけれど、本人だからそう見えるだけだよ。なぜなら、その後、君は言わば自由地帯（笑）にとどまり続けているのに、僕の方は占領地帯に閉じ込められたままだからさ[120]（笑）。

オフュルス 俳優による占領だね。ところで、さっきフラハティの名前が出たけれども、確かに彼は、照明を据え付けるために、イグルー［エスキモーが冬季に利用する氷の家］の屋根を切断していたね。それに、演出なしの映画でもなかった。私としては、『タブウ』[121]を好ましく思っているけれど、作品内で気に入っているのはムルナウ[122]に由来する部分なのかもしれません……。第一に、私はマックス・オフュルスの息子であり、それゆえに俳優の出る映画が好きということがあります。より窮屈でなく、ある意味で、より楽しいものだと思われるのです……。もしかしたら、ドキュメンタリーの世界に入った

ている。代表作に『僕は黒人』（一九五八年）、『人間ピラミッド』（一九五九年）。一九一七年生－二〇〇四年没。

119　フィクションとドキュメンタリーの境界線に関するゴダールの考えは、以下の文献にも見つかる。ジャン＝リュック・ゴダール『ゴダール映画史（全）』奥村昭夫訳、ちくま学芸文庫、四五〇－四五五頁および五四一頁。

120　ナチス占領時代にフランスは自由地帯・占領地帯という区分けに分割された歴史をふまえて、俳優が占領していない「自由地帯」の作品、俳優に占領されている「占領地帯」とかけて、ドキュメンタリーとフィクションの作品の違いを表現している。

121　フラハティとムルナウの共同製作。一九三一年公開。

122　フリードリヒ・ヴィルヘルム・ムルナウ。ドイツの映画監督。表

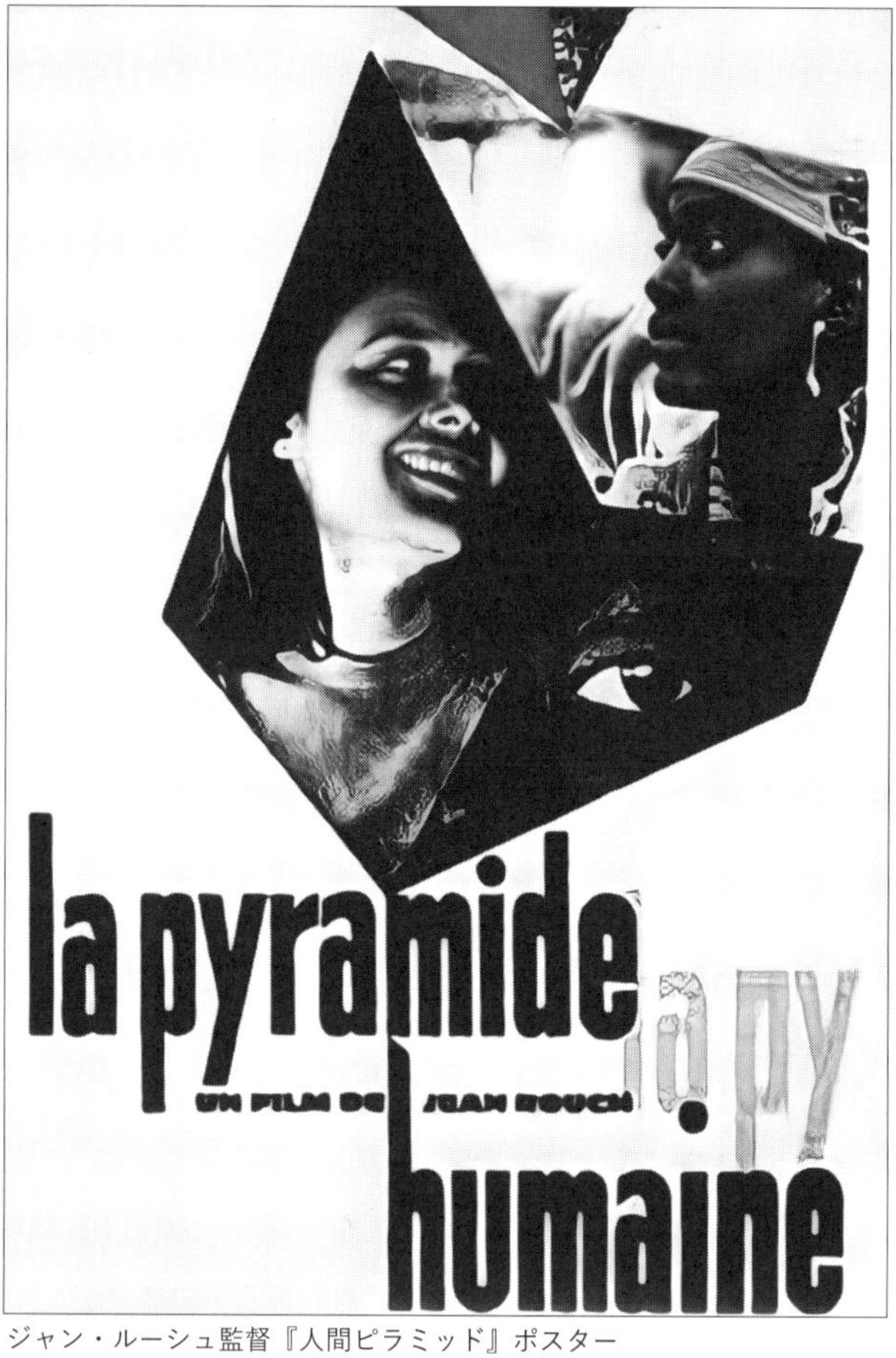

ジャン・ルーシュ監督『人間ピラミッド』ポスター

きっかけが完全な自由選択の結果ではなかったために——ドキュメンタリーは必ずしも窮屈なものとは限りませんが、そうなり易いものなのです——、私は次第に、［ドキュメンタリーの］登場人物たちがフィクションの登場人物になるように努めていたのかもしれません。ただし、彼らには、ある程度の自由を残しています。質問は用意されていましたが、回答は彼ら任せでした。いつも心がけていたのは、彼らの回答が最大限に自発的なものとなることです。私が思うに、それはインタビューでなければなりません。大きな歴史であれ、小さな歴史であれ、現代史の一ページをなしている人々をスクリーン上で輝かせる最良の方法は、彼らに自由を与えること、彼らをコルセットに閉じ込めようとしないことです。これは、フレデリック・ワイズマン[123]と私の共通点です。私たちは何年も前から、お決まりのストーリーを繰り返すことを拒否し、意思決定者たちが視聴者たちをコルセットに閉じ込めないようにしているのです。それに、インタビューの相手が私たちに見せようとしているもの、言おうとしているものを、あらかじめこちらで決めてしまうのは望ましいことではありません。もし私たちに進化というものがあったとしたら、それは必ずしも興行収入という次元にではありません。むしろ、全く無関係です。私の作品では『悲しみと哀れみ』が唯一興行的にも成功しました。し

現主義的な作風が特徴で、サイレント映画の巨匠。代表作に『吸血鬼ノスフェラトゥ』（一九二二年）。一八八八年生－一九三一年没。

123　アメリカのドキュメンタリー映画監督。代表作に『アメリカン・バレエ・シアターの世界』（一九九五年）、『クレージーホース・パリ　夜の宝石たち』（二〇一一年）。一九三〇年生まれ。

フレデリック・ワイズマン

かし、その後、この作品も知る人ぞ知る映画になってしまいました。とはいえ、最終的にはかなりの数の観客が観たのです。

無意識の政治性

ゴダール 『悲しみと哀れみ』は当時観ましたが……。いや、実は、プラネット・チャンネルで、本当に初めて観たのです。本当に初めて観たのです……。というのも、当時の僕には、多分観ることができなかった。作品内にある色々な無意識の政治性のせいもあって……。だから、僕はすごく、すごく遅れて観たわけなのさ。

オフュルス 当時の私たちは、必ずしも政治的に同じ考えをしていたわけではなかったからね。そうだろ？　出会った当時なんか……。

ゴダール そんなことないよ。それに、もう覚えていないんだ（笑）。ピレネーまで君に会いに行ったとき、著作権をめぐる議論のことを君は話題にした。その時も、僕たちの意見は食い違っていた。だが、今日になると、何について僕たちの意見が同じで、何が同じでなかったか、僕には思い出せないんだ。

オフュルス　思い出せないな……。

ゴダール　議論というのは、そんなものさ。つまり、対立関係のことだが……。ラテン語で、議論は会話、論争とでもいった意味だ。論争の火種は……。いや、本当に何も覚えていないんだ。

オフュルス　なるほど。著作権については、映画監督協会の中で、実際にしばらく運動をしたことがあったんだ。フランスでは文学・芸術の権利と呼ばれているもので、ボーマルシェ[124]やバルザック[125]まで遡るとされている権利だ……。ともかく論争したんだよ。君が野菜畑まで私に会いに来て、一緒にインゲンやトマトの畑を一回りしていたときのことだ。君ははるばる旅をしてきて、中東をテーマにした映画の共同制作をもちかけてきたんだ。映画については論争は起こらなかった。だけど……そう、ジャン＝リュック、私は君に、あるテレビ番組で君を見たということを伝えたんだ……。フレデリック・ミッテラン[126]とミシェル・ポラック[127]が共演者だった。

124　フランスの劇作家、実業家。代表作に『セビリアの理髪師』（一七七五年）、『フィガロの結婚』（一七八四年）。ボーマルシェは『セビリアの理髪師』の上演をめぐって、劇団に対して上演料闘争を繰り広げ、国王も巻き込む大きな事件に発展した。一七三二年生－一七九九年没。

125　オノレ・ド・バルザックは、一九

ゴダール　ああ、それぞれ。ミシェル・ポラックだ。『反論権』〔フランスのテレビ討論番組〕という番組だ。

オフュルス　そうそう、『反論権』だ。当然ながら、ジャン＝リュックは大勢の人々に取り囲まれ、葉巻をくわえて座っていた。画面下には「ジャン＝リュック・ゴダール（映画制作者）」と表示されていた。このことに関して、確かに、ちょっと論争になったのだと思う。だけど、長くても五分ぐらいのものだった。

エリザベス・テイラーと強制収容所

ヴァンサン・ロヴィ　なるほど、あなた方は大きく違っていますが、同時に共通点もあります。あなた方の作品を比較してみると、本当に、かなり違っていて、全く正反対なのですが、そこにはイメージを使った遊び、コラージュの感覚、イメージの多義性という共通性があります。加えて、歴史についての、また、歴史における映像の使用法についての問いかけがあります。例えば、『ゴダールの映画史』の中では、『陽のあたる場所』

世紀フランスの小説家。代表作に『谷間の百合』。一七九九年生—一八五〇年没。

126　フランスの政治家。フランソワ・ミッテランの甥。映画・テレビ業界でも活躍。一九四七年生まれ。

127　フランスのジャーナリスト。新聞、ラジオ、テレビで活躍。一九三〇年生—二〇一二年没。

ジョージ・スティーヴンス監督『陽のあたる場所』 Ⓒ公益財団法人川喜多記念映画文化財団

（一九五一年）でエリザベス・テイラー[128]を撮っているジョージ・スティーヴンス[129]その人が、まさにダッハウ強制収容所の解放を撮影した人物であることを、あなたは指摘しています[130]。

ゴダール　引用したシーンでわたしの興味を引いたのは、エリザベス・テイラーの顔でした。スティーヴンスに強制収容所の撮影体験がなかったら、彼女にあんな表情をさせる演出をすることもなかったでしょう。

ヴァンサン・ロヴィ　ええ。強制収容所や、収容者の死体を焼いたかまどの映像のことをおっしゃられているのですね。

ゴダール　その通りです。

フィクションはドキュメンタリーのように、ドキュメンタリーはフィクションのように

ヴァンサン・ロヴィ　その一方、『ミュンヘン、百年の平和』（一九六七年）では、ミュンヘン会談の会期中のロンドンの雰囲気を表現するのに、マル

128　イギリス出身の女優。映画史上で最も有名な女優の一人で、『陽のあたる場所』に主演。ゴダールがここで言及しているのは、この映画のラストシーンにおける彼女の表情。一九三二年生－二〇一一年没。

129　アメリカの映画監督。戦前は娯楽作品で知られていたが、第二次世界大戦では従軍し、ノルマンディー上陸作戦、そして、ダッハウ強制収容所の解放を撮影した。その映像はニュルンベルク裁判で証拠資料として上映された。戦争体験がその後のスティーヴンスの作風を大きく変えたと言われている。一九〇四年生－一九七五年没。

130　『ゴダールの映画史』（「1B　ただ一つの歴史」）の中のエピソード。

セルはフレッド・アステア[131]とジョーン・フォンテイン[132]主演の『踊る騎士』（一九三七年）というアメリカ映画を使っています……。ロンドンの映像や、競馬とかバッキンガム宮殿の衛兵交代とか、任意のものを映したニュース映像をいくらでも選べたはずなのに。

ゴダール　ええ、マルセルがとても得意としている手法です。おっしゃられた映画でも使われています。しかし、マルセルには次のような別の側面もあります。つまり、ダラディエやアドルフはフィクションの映像に見え、ジョーン・フォンテインがドキュメンタリー映像のように見えるのです……。

アンドレ・ガズュ　ニュース映画を元のナレーション付きで引用することをドキュメンタリー映画に導入したのは、マルセル、あなたではないかと思われるのですが……。

オフュルス　おやおや。物事というのは同時並行的に、他の人々との関係の中で進行していくものですよ。それが流行というものです。実際、数週間前にも、素晴らしい映像資料を使った作品に一本出会いました。映像資料にカラ

131　アメリカのダンサー、歌手。ハリウッドのミュージカル映画で活躍。一八九九年生－一九八七年没。

132　アメリカの女優。日本生まれ。代表作にアルフレッド・ヒッチコック監督『レベッカ』（一九四〇年）。一九一七年生－二〇一三年没。

ー処理を施して若者受けを狙っているところは理解できませんでしたが、『アポカリプス』[133]には、真に心動かされる非常に優れたアーカイヴ映像が用いられています。個人と集団とで、私たちは十年ごとに真相を暴いてきたのです。これは、自由のための真の戦いであると思っています。私たちの自由のため、それから大衆の自由のためです。当時、エッフェル塔とともに背後から映されたヒトラーの姿を人々はいつも見ていました。しかし、プロパガンダ・シュタフェル［フランス占領期におけるナチス側のプロパガンダ担当課］がドイツ語のナレーションを付けた元の映像を観た者は、誰一人としていませんでした。プロパガンダ・シュタフェルは、朝五時、マドレーヌ寺院やコンコルド広場周辺で撮影しています。出演者は一人の憲兵です。憲兵の出演が偶然なのか、演出なのかは定かではありません。いずれにせよ、この憲兵はヒトラーに敬礼をするのです。プロパガンダ・シュタフェルは、その反対勢力よりも、ずっと才能にあふれていたと言わねばなりません。それゆえ、彼らの演出を検討し、彼らのイデオロギーが何であったかを理解することには、意味があると思います。ですが、なるほど、当時のナレーションを取り入れる手法が、私が最初だったのかどうかはわかりません。もしかしたら……。ともかく、私はそうしたかったのです……。

133　『アポカリプス』はカラー処理を施したドキュメント映像を使ったテレビ・シリーズ。ここで言及されているのはその第一弾の『アポカリプス　第二次世界大戦』（二〇〇九年）のこと。

アンドレ・ガズュ　私の考えでは、あれが初めてだと思います。今では、誰が最初にしたのかも知らないまま、この手法は踏襲されています。あなたと知り合ったとき、私はテレビ業界ですでに八年の経験がありましたが、この手法を見たことはありませんでした。

オフュルス　アンドレ・ガズュは『悲しみと哀れみ』のカメラマンだったのです。チーフ・カメラマンです。とはいえ、チーフ以下の助手はいませんでしたが……（笑）。

アンドレ・ガズュ　ゴダールさんに関して、ご本人がよろしければ、述べておきたいエピソードがあります。スイスのテレビ局[134]では、二つの映像をうまくつなげられないとき、「いやはや、間はカットするしかないな」と言っていたのですが、今は「よし、ゴダール方式だ」と言うのです（笑）。とはいえ、ゴダールさんの場合、映像の編集方法は完全な断絶でしたね。いずれにしても、あなた方二人は、二つの領域において、まさにヌーヴェル・ヴァーグを体現する人物だというわけです……。

134　当時はジュネーヴのエルネスト・アンセルメ河岸に所在。

映画と歴史の関係

ゴダール　ええ。ところで、話を少し戻したいと思います。先ほどマルセルについておっしゃられたことに[135]関してです。わたしにとって、マルセル・オフュルスの作品は、映画というものの、ほとんど根本的とも言うべき局面と結びついています。すなわち歴史との関係です。なるほど、映画というものの四分の三は、小さな物語《イストワール》を語っています。つまり、多少なりともよくできた、様々な小さな物語をです。大きな歴史《イストワール》を語る映画はほとんどない。語るとしても、概して隠喩的なかたちで語るだけです。研究にしても、ルットマン[136]やワイズマンのようなドキュメンタリー作家にしても同様です。彼らが語るのは、はっきりと限定された瞬間についてです。しかし、マルセルは大きな物語と小さな物語の二つを、同時に語ることに成功している。彼は偉大なる歴史家です。なぜなら、偉大なる映画作家は偉大なる歴史家でもあるからです。もちろん、そのあり方は普通の歴史家とは違います。映画作家たちは、歴史の専門家たちからは見下されているかもしれません。でも、この専門家たちというのは、大学を根城にしていて、日々の生活、日々の闘いとは無縁な人々なのです。彼らは文学者です。実際、彼らは本を書きます。たいていの歴史

135　先のロヴィの発言にあった「歴史について、また、歴史における映像の使用法についての問いかけ」のこと。

136　ヴァルター・ルットマンはドイツの映画監督。実験映画を開拓した。代表作に『伯林　大都会交響楽』（一九二七年）。一八八七年生－一九四一年没。

の本には、時々、白黒写真が掲載された三、四頁のとじ込みがつけられています。写真を見ることができるといっても、たったそれだけなのです。文字、文字、文字、文字ばっかりです。マルセルは二つを同時にやっている。彼にすごく似ている歴史家をあげるとすれば、フェルナン・ブローデル[137]です。ブローデルは、毎日テレビニュースで報道されているような早足で進む歴史と、ゆっくり進む歴史とを区別しています。マルセル、おっと、マルセル・ブローデルと呼びかけそうになってしまいました。むしろ、フェルナン・オフュルスでもいいかな（笑）。ブローデルの博士論文のタイトルは「フェリペII世時代の地中海世界」でしたが、完成版では『地中海』だけになりました。彼はこの著作に二十年かけた。二十年です。歴史書の一大傑作であるこのレベルのものに比べたら、三、四年で作れてしまう映画など、ものの数ではありません。ちなみにマルセルについて言えば、彼はゆっくり進む歴史です。何かが僕に……これは個人的なことでもありますが、マルセルにはわかっています。僕らはほとんど同じ年齢だし、同じような若者だったからです。だけど、僕らの歴史は全く違う。実際、例をあげれば、マルセルがナチスの迫害を逃れて大西洋を横断していたとき、僕はニヨン[138]のペールタン広場[139]でサッカーをしていたのです。世界で何が起きているのか、僕は知らなかったし、決

137 フランスの歴史家。アナール学派を代表する人物で、歴史を長波・中波・短波の三層の時間構造で分析することを提唱した。一九〇二年生－一九八五年没。

138 スイスのレマン湖畔の町。

139 「時間つぶし《ペールタン》」の意の名前を持

して知ることはなかった。うちの両親はスイス赤十字の一員だったので、何か教えてくれてもよかったのに。つまり、当時のスイス赤十字のことは今も知られています。しかし、今日、何か僕によく思い出せないのは、あの時代のことなのです。あの頃の自分が考えていたこと、人々が僕に教えたこと、僕の知らなかったこと、教えてもらえなかったことについて、知りたいと思っています。書物や多くの映画を通じてです……。マルセルは話し方まで教えてくれました。『正義の記憶』[140]を観れば、アルベルト・シュペーア[141]の話し方がわかるし、滑稽きわまりない英国貴族たちの話し方だってわかる。あの貴族は、何という名前だったかな。ジョージ・ショークロス[142]だったかな。

アンドレ・ガズュ　先ほど、お二人には共同企画があったとおうかがいしたように思います。それについてお教えいただけますか。

ゴダール　ぼんやりしたままの状態です。少しばかり、彼の気分を害したのはわかっています。マルセルはわたしに二十万枚[143]ものファックスと、二、三のアイデアを送ってきました。だけど誤解が生じたのだと思います。その頃、僕は自分流で、つまりは、どこに向かっているのかもよくわからないままに、

つ、スイスのニヨンに実在している広場。

140　戦時下で行使されうる残虐さを扱った、一九七六年制作のオフュルスのドキュメンタリー作品。

141　ヒトラーの右腕として働いた建築家・軍需相。ニュルンベルク裁判で有罪となる。釈放後、ナチス時代について多くの証言を残した。一九〇五年生―一九八一年没。

142　正確には、ハートリー・ショークロス卿。ニュルンベルク裁判の英国側の主席検事。一九〇二年生―二〇〇三年没。

143　原文ママ。ゴダールらしい誇張だろう。

サラエヴォについての映画を準備しているところでした。マルセル、君は僕のこの映画と、君と一緒に進めていた中東に関する映画の企画とを混同してしまったんだ。要するに、中東の映画のために、僕は君に会いに行ったのであって、サラエヴォの映画は無関係だったたんだ。だけど、その後、僕がサラエヴォで撮影中、もしくは撮影を始めるという噂を耳にして、なるほどね、僕は一人でやることにしたんだな、と君は早合点してしまったんじゃないかな。

オフュルス いや、そんなことはないよ……。

ユダヤとは何につけられる名前なのか

ゴダール それなら、よかった。僕が当時に興味を抱き、今も抱き続けていることは、マルセルが……わたしと同じく映画作家として、映像と音を集積し、運び伝えるという仕事を通じてやってきたことです……。つまり、哲学者アラン・バディウの小冊子の題名をもじって言えば、「ユダヤとは何につけられる名前なのか」と言えそうな問いです[144]。わたしはこの問いを、自分のために自問してきました。マルセルはユダヤ人ですが、必ずしもイスラエル人ではありません。彼の父親も同様です。そして二人ともあの時代を生

144 映像で確認するとゴダールは「バディウの小冊子の題名で見た」と発言している。ただし、この発言は正確ではないので、誤解を避

きた。わたしは単に「ユダヤ人である《エートル》」と題した映画を作りたかったのです。ただし、現在は、「持っている《アヴォワール》」やそれに類似した動詞と比較したとき、「〜である／にいる《エートル》」[145]という動詞自体が厄介だと感じています。しかし、わたしは問いたかった。それは問う価値のあることだからです。例えば、わたしの場合、「プロテスタントである」とはどのような意味を持っているのか。よろしい、両親がわたしを教会に連れて行ったら、わたしは「プロテスタントである」と言えるでしょう。確かに、わたしは映画センターに抗議《プロテスト》したり、ジュネーヴにおける禁煙に抗議《プロテスト》しています（笑）。とはいえ、「プロテスタントである」こと、そこに意味はありません。ですが、「ユダヤ人である」ということに関しては、それが「フランス人である」、「ドイツ人である」、「スイス人である」こととは全く違うと考える一群の人々がいる。いや、そう考える丸々一つの国民すら存在するということを肌で感じています。わたしはフランスとスイスの二重国籍者ですが、そのわたしに理解できるのは、ヴァロルブ駅〔フランスとの国境近くにあるスイス側の駅〕を六十年前から知っていることぐらいで、それ以外にこの国籍に何の重要性もありません。国境の駅を知っているということ、また、戦争中、ヴァカンスでモイユズラッツ〔フランスとの国境近くにあるスイス側の路面電車駅〕に通っていたため、ジュネー

けるために原書編者が字句を修正したのだろう。ゴダールが言及している書物はおそらく *Circonstance 3. Portées du mot « juif »*, Éditions Léo Scheer, 2005 のことである。

145 フランス語の être《エートル》は英語の be 動詞に相当する。

ヴの路面電車の一二番線を知っているぐらいです。わたしの国籍は、それ以外に何の重要性もありません。ですが、「ユダヤ人である」ことは、「ドイツ人である」こと、「作家である」こととは、全く異なることであるように思われるのです。そのせいで、近頃は「〜である／にいる《エートル》」という動詞を使うのが、すごくためらわれることがあります[146]。「わたしがサン＝ジェルヴェ劇場にいる《エートル》」と言うのと、「サン＝ジェルヴェ劇場がわたしを迎え入れている」と言うのは同じではありません。全く別物です。わたしには、そこに何か、しっくりいかないものがあると感じられるのです。理由はわかりません。だからこれについて、言わば、証言してくれる人がいたら面白いだろうと思うのです……。長くなりましたが、以上がわたしたちの再会の経緯であり、わたしが彼に会いに行った理由です。ちなみに、当時、そんなことをした人は誰もいませんでした。彼の小さな家の近くには、鉄道の線路が通っていました。かつて、彼がお父さんとたどった線路です。

オフュルス　線路の近くというのは本当です。家はピレネー山脈に面していました。事実、その鉄道を使って、私たちはフランスから脱出したのです。

146　ゴダールの être（フランス語で英語の be 動詞に相当する）と avoir（フランス語で英語の have に相当する）との違いに対するこだわりは、一九七八年にカナダのモントリオール映画芸術コンセルヴァトワールで行われた映画史の講義での発言にも確認される（ジャン＝リュック・ゴダール『ゴダール映画史（全）』、前掲書、九四－九六頁）。二つの動詞の違いは、本質主義的に「〜である」というかたちで自分や他者をア・プリオリ（先験的）に定義してしまうことと、本質という考え方に拘泥せずに過去や現在時における行動から自分や他者を定義していく仕方との違いであると考えられる。この考え方には、ジャン＝ポール・サルトルが言った「実存は本質に先立

ゴダール　ほら、言った通りでしょう。[147]

オフュルス　誰かがユダヤ人であるかどうかということ。二〇世紀において、それは運命を分ける問いだったとしか言いようがない。私たちが何であり、何でないかを決めていたのは、他の人々だったんだからね。あんな特殊な状況下ではね。野菜畑を二人で一回りしていたとき、この根本的な問いについて、君ははっきり言ってくれたかな。言わなかったよね。

ゴダール　確かに言わなかった。言い出せなかったんだ。だけど、それは単に……。

オフュルス　難しいことじゃない。単に、君があまりはっきり言いたくなかっただけじゃないか……。

ゴダール　その通り、全くその通りだ……。

つ」というスローガンとの共鳴が聞き取れるように思われる。

147　映像で確認すると「ウォルター・ベンヤミンもこの道を通ったのだ」とも言っている。

ゴダールの自由過ぎるやり方

オフュルス　君が言うところの共同監督が、どうして実現しなかったのかわかるよ。何てことだ。なるほど、君の自由なやり方からすれば、文字になっていようがいまいが構わないんだ。とりわけ契約書なんかどうでもいいんだな。そういうものに、まるで興味がないんだろう。どうでもいいと思っているんだろうね。

ゴダール　全くその通り……。

オフュルス　シナリオについては、仕方がないと思う。だが、契約書となると……。君の影響力は私の十倍はあったし、今だってそれは変わっていない。今、この舞台から出て行って、君がタメ口《チュトワイエ》付き合いしているフランスの新文化大臣「フレデリック・ミッテランのこと」に電話をしてみたらどうだい。テレビ番組『反論権』のスタジオのフロアで、いつもの葉巻を手にした君が、末席の彼とタメ口で話している姿が映っていたじゃないか。あの映像が目に浮かんでくるよ。

ゴダール　スタジオでは確かにそうしていたよ。だけど、当時、彼は映画館アントルポ座[148]の支配人だったんだよ。

オフュルス　当時というのは、私たちが会った頃のことかい。

ゴダール　いや、ポラックの番組に出た頃だよ。

オフュルス　『反論権』のときか。なるほど、わかった。つまり『反論権』のことはしっかり覚えているというわけだ。

ゴダール　ああ、うん……。

オフュルス　何てことだ。私たちの記憶が、いつも少しばかり選択的だというのは確かだ。だけど、ジャン゠リュックの場合、選択的であると同時に、意識的に選択的だ（笑）。なるほど、スイスにいながら君は大きな影響力を持っていたし、きっと今も持っている。それは当然のことだ。そして、君は私

148　一九七五年にフレデリック・ミッテランが設立したパリの前衛的な映画館。

に会いに来て、提案をした……。その内容は、ユダヤ人であるとか、ユダヤ人でないとか、そういう属性に関するものではなかったと思う。それは非常にはっきりしていて、パレスチナとイスラエルについてのものだったね。

ゴダール　ああ、そうだよ……。

オフュルス　いいアイデアじゃないか……。

ゴダール　ああ、全くその通りだ……。

オフュルス　今でも、いいアイデアだと思うよ。

ゴダール　全くその通りだ。

オフュルス　ただし、誘拐されることになるのは、まず御免だ。[149] というのは、人々は私がユダヤ人だと思っている。しかし、ヒトラーは私をユダヤ人だとは思っていなかったし、ラビ［ユダヤ教の聖職者］たちも同様だ。何しろ私の

149　イスラエルの諜報機関モサドの活動として最も有名なものの一つに、南米に潜伏していた元ナチス親衛隊隊員アドルフ・アイヒマン

母がユダヤ人じゃなかったからね。つまり、人種的な問題と宗教的な問題があるということさ。それに、いずれにしたって、私の父は非宗教的だったし、息子の私にいたっては無神論者だ……。これが進化というものだよ……(笑)。さておき、確かに、この件に関して、私は君にファックスを送らねばならなかった。ちなみに、ブーブロンという名前の男が言ったことで唯一面白かったのは、お互いに反目しあっていたとき、奴が私を「ファックス・オフュルス」と呼んだことだった(笑)。それはともかく、人が持つ影響力や政治力というものは、誰が何をやるということを決めるのにも、口を出してくるものだ。もし二人で映画を作るなら、互いに理解しあえていることが必要じゃないか……。例えば、もし私が親パレスチナのユダヤ人たちを撮るのだとしたらね。だけど、私がイスラエルで会った人々は、全員が親パレスチナだった。例外だったのは、かつてテルアヴィヴ市長だった男だけです。彼はとても美男子で、銀髪碧眼でした。彼と私たちは、ほぼ同じ日に、ベルリンから脱出したのです。周囲からは「絶対に彼にドイツ語で話しかけてはいけない」と言われていました。ところが、シネマテークで二人きりになったとき、彼は「やれやれ、ようやくドイツ語で話ができるね」と言ってきたのです(笑)。そして夜になると、彼は私とフランス大使にこう詫びてきました。

を誘拐して、イスラエル本国で裁判にかけさせたというものがある。

「ええ、残念ながら、私はリクード［イスラエルの右翼政党[150]］党員なのです。ですが、エルサレムはひげをたくわえた人々［イスラム教徒のこと］に差しあげていいと思っています。テルアヴィヴにいる我々は、エルサレムに興味はありません。我々はひげをたくわえた人々に興味がないのです」。ジャン＝リュック、悪いけれど、彼は君には興味を持つんじゃないかな[151]（笑）。ともあれ、大事なのは、はっきりさせておくことさ。シナリオはともかくとしても――確かに私も君も書くことはないだろう――、映像のどの部分を誰が担当するのかということについてはね。どこからが……。

【観客に向かって】皆さん、ご覧ください。彼はハエが飛ぶのを眺めています[152]。何故かというと、こういう話に興味がないからです。彼はこんな取り決めをしたことがなく、自分の作品のコントロール権をいつも自分が握ってきたからです。他の場合だったら、私もそうしたと思います。とはいえ、分担の合意さえできれば、共同制作は可能です。今だってやろうと思えば、まだ可能でしょう。

作家主義とは何か

ゴダール　その点に関しては、やはり作者というものについて見解の相違があ

150　党名の「リクード」はヘブライ語で「団結」を意味し、民族主義を強調する政党である。

151　この対談時、ゴダールはひげを生やしていた。

152　映像で確認すると、オフュルスが分担の話をしているとき、ゴダールは気のない様子でよそ見をしていた。

るのです。フランソワ［・トリュフォー］が「作家主義《ポリティック・デ・ゾトゥール》」[153]をめぐる記事を書いてしまった結果、そこから「作者《オトゥール》」［＝著作者auteur］という言葉だけが残ったのです。当時でさえ、みんな「作者」をいくら主張してもし足りなかったし、みんな丸め込まれてしまったのです。

オフュルス　フランソワに丸め込まれたということですか。

ゴダール　いえ、「作者」という言葉に丸め込まれたのです。そして、「主義《ポリティック》」という言葉の方はどこかに消えてしまいました。残ったのは「作者」という言葉だけでした。今日、わたしは著作権なるものを信じていません。もしそれを利用するとしても、結局のところ、他のいろいろなものを利用するのと同じように、それを利用しているに過ぎません。人には、権利よりも先に、義務があると思うのです。人権だって同じことです。人権なんてものはありません。生きるためには、食べる権利ではなく、食べる義務があるのです。愛する義務があるのです。苦しむ義務があるのです。わたしたちに権利はありません。いかなる権利もです。権利というのは法的な概念で、それは法律によって表現されます。つまり、一言で言えば、ここが論点なのです。わた

153　フランソワ・トリュフォーが一九五五年二月に『カイエ・デュ・シネマ』誌（第四四号、四五–四七頁）に発表した記事「アリ・ババと〈作家主義〉」で展開した主張で、映画制作において監督の個性こそが最も優先されるべきと考える立場のこと。

したちの違いはここにあります。すぐに気が付きました。君はわたしよりも他の人々に近い。アンヌ＝マリー・ミエヴィル[154]と同じです。アンヌ＝マリーに似ているとわたしが言っているのですから、疑ってはいけませんよ。彼女は作者になりたがり、脚本とか、編集とか、何かになりたがります。また、契約書を交わしたがり、支払われたがります。しかも、その上で、できることならば、［彼女の映画が扱っている］子供や、作品や、彼女が作った映画に興味を持つ人々が、悪党だったり利得づくの人々だったりしなければいい、と望んでいるのです……。

オフュルス　職業のプロフェッショナルというのはそういうものさ。まさに作者たる君の、数ある名台詞の一つだね（笑）。

ゴダール　残念ながら、僕は今でもそう信じているんだ……。

オフュルス　だけど、アンリ・アルカン[155]とかグレッグ・トーランド[156]の『市民ケーン』の映像を自宅でトリミングすること、何でもかんでもトリミングできてしまうことが自由のかたちだというのかい。そこには……。

154　既出。ゴダールのパートナー。

155　フランスの撮影監督。代表作にウィリアム・ワイラー監督『ローマの休日』（一九五三年）、ヴィム・ヴェンダース監督『ベルリン・天

ゴダール　作家主義というのは戦略的《ポリティック》なものに過ぎなかったんだよ。作者という概念は存在しない。間違いだったんだ。作家主義は継続されなかった。ほんのわずかな瞬間、それはユートピアを生み出したけれども、終わってしまったんだ。六八年に起きた他の運動のようにね。どこかへ行ってしまったんだ。ここにあるテレビや、サムスン、ソニー、パナソニック等々の小型カメラを十台集めてみても、映画と同じフレームのものは一つもない。フレームという概念は完全に消えてしまったのです。うちのテレビでは、引きで映したり、一倍、四倍の寄りで映したり、一四：九、四：三、一六：九等々にアスペクト比を変えようとしたら、十二個のリモコンを駆使しなければなりません。存在しないのです……。だから、わたしはもう関わりあいません。もう終わったのです。それは消え去った時代なのです。あの時代は完全に消滅しました。

映画の消滅？

オフュルス　その点は同感です。あの時代は消滅しました。ですが、その消滅はやはり残念なことです。だって、映画というのは、やはり二〇世紀の偉大

使の詩』（一九八七年）。一九〇九年生－二〇〇一年没。

156　アメリカの撮影監督。代表作にオーソン・ウェルズ監督『市民ケーン』（一九四一年）。一九〇四年生－一九四八年没。

な発明だからです。ジャズと映画は、二〇世紀が生んだ二つの大衆芸術です。

ゴダール　ええ、映画は消滅してしまいました。わたしの方は、自分が消滅するまで続けていきます。君が考えているのとは反対に、わたしには成功《ヒット》作が三つあります。拒絶された映画はもっとあります。最近のいくつかの作品を除けば、わたしの作った映画は全て、君の作品と同じように成功《ヒット》しませんでしたが、わたしにとっては、こう言った方が良ければ、わたし個人にとっては成功作なのです（笑）。それらは注文されて作った作品です。単純ですが、注文が来るようにしていくつもりです。アルテ放送局[157]から「そういうのは要りません、こういうのを下さい」と言われたら、「どれくらい頂けますか」と応じる。議論をしたことは一度もありません。作家主義の作家に言えないのは、次のような言葉です。「一ドルの予算があれば、一ドルの映画が作れるさ」。以前、友人連中からもらったビデオカセットは『ワン・ダラー・ムービー』と題されていました（笑）。結局、こういうことなのです。彼らもまた満足していました。自分たちでその映画を作ったのですからね。ちなみに、彼らの作品からあるショットを拝借しましたが、それはどこかでわたしが使ったショットだったので、もちろん彼らに著作権料を支払うことはあり

157　仏独共同の芸術文化系テレビ局。

ませんでした（笑）。何にしても契約書という考え方は、こう言ってよければ……わたしにはどうでもいいのです。

オフュルス　ああ、とっくにわかってたよ。

ゴダール　一度も契約書を読んだことはないよ。読むのは作品ができた後だね……。

オフュルス　わかってるよ。こっちだって君のために、ユダヤ人が演じる「トルコ人の殴られ人形[158]」にならずにすんだよ。

ゴダール　こっちはそんなつもりじゃなかったんだ。君の問題じゃないか。君がそう思ってるのさ……。

オフュルス　しかし、野菜畑の出来事があるじゃないか。君と僕とはそれぞれ異なったことを記憶している。君は君のいいように言うけれど、僕には僕の記憶がある。

158　「トルコ人の殴られ人形」とは、フランスの縁日などで現れる、トルコ人を模した人形を殴って力比べをする遊具のこと。

ゴダール　それが近似値というものだよ。だから、二人でやる必要がある。一つの細胞が二つに細胞分裂するようなものさ。原因は謎のままだけれど、一つの細胞を作るために、僕たちはすでに二つになっている。映画について書かれた、最も興味深い本がある。ロマン・ヤコブソン[159]という、その分野ですごく有名な言語学者が書いた『音と意味についての六章』という本だ。

オフュルス　そんなに面白いのかい。

ゴダール　いや。でも、みんなが買ってるよ（笑）。

オフュルス　私が一番いいと思う映画の本は、フランク・キャプラ[160]の自伝です……。

ゴダール　ええ、彼の自伝も面白いね。自伝は面白いものばかりだ……。

ハリウッドで映画を撮ること

オフュルス　ジャン＝リュック、わざと周縁的《マージナル》な存在になろうとするのはよく

159　ロシアの言語学者。構造主義の発展に大きく寄与した。一八九六年生－一九八二年没。

160　アメリカの映画監督。代表作に『素晴らしき哉、人生！』（一九四六年）。一八九七年生－一九九一年没。

ないよ……。

ゴダール　だけど、自然に周縁化してしまうんだよ……。ミケランジェロも、彼なりに周縁にいた。最近、証明されたばかりのフェルマーの定理は、三世紀間も証明されないままだった。フェルマーは余白《マージン》にこんなことを書いていた。「この定理の素晴らしい証明を思いついた。だけど、全然、書くスペースがないんだ」(笑)。

オフュルス　いい話だ……。

ゴダール　それは余白に書かれていたんだ。だから、本当にさ、したいことをすればいいのさ。例えば、非常にわかりやすい僕らの違いとして、君はアメリカで映画制作を試みたことがある。僕はそのことに全く脱帽している。昔のハリウッドに対して、僕ほど敬意を抱いている者はいない。今日もハリウッドが権勢をふるっているのは、昔ながらの映画の形式がまだ残っているからだ。もちろん、彼らはもはや大プロデューサーではなく、大小の弁護士、財務大臣に過ぎない。もはや昔とは違うんだ。だけど、映画の形式は別だ。

それ以外に、彼らの世界的成功は説明できない。ロール[161]にある小さなビデオショップに行くことがあるけれど、そこにはアメリカ映画しかないんだ。ノルウェー映画を観たくても不可能なんだ。そもそも、ノルウェー映画を本気で観たいと思うかどうかは疑問だけど（笑）。

ヴァンサン・ロゥヴィ　アメリカで映画を撮ろうとされたことはありますか。

ゴダール　試みましたが、全然うまく行きませんでした……。だからこそマルセルに敬意を抱いているのです。いや、むしろ、わたしが言いたかったのは、そこはわたしたちの間の、実際上の小さな違いだということです。君はいくつかの映画を作った。おそらく、それは父親譲りだ。君のお父さんは、嫌味ではなく、敬意をこめて、演出家と呼ぶことのできる存在だった。だが、君は製作者《プロデューサー》[162]になろうとはしなかった。たちまちそれは、君とわたしの間の大きな違いとなった。わたしとフランソワには、そこが共通していた。二人はそれぞれ違うタイプのプロデューサーになり、自分自身の映画を作るようになったんだ。わたしがプロデューサーになれたのは、それは単に、当時、自分の製作会社《メゾン・ド・プロドュクスィヨン》を持っていたからです。もちろん、親の家《メゾン》からは出ていたの

161　ゴダールの住むレマン湖畔の小村。

162　フランス語で製作者《プロデューサー》producteurは、制作者、生産者という意味でもある。

で、私にはもう家がなかったのですが、かわりに製作会社が私の家となっていたのです。今日では、製作会社は「家《メゾン》」とは呼ばれなくなりました。ともあれ、映画を作るわずかばかりの予算さえ確保できれば、わたしがプロデューサーの場合、予算のコントロールをすることができました。わたしが演出家の場合、コントロール権はありませんでした。お金をもらうためにペコペコと物乞いをし、山のような見積書を書いていたはずです。多くの人々がやっていることです。四万頭の象を使いたいと思っても、それは不可能ですから、映画を作るのをあきらめることになります。例えば、キューブリック[163]の場合がそうです。わたしはナポレオンの映画を作ろうとは思いません。なぜなら、あまりにお金がかかり過ぎるからです。その一方、わたしがプロデューサーで、予算が百万フラン、五十万フラン、十フラン、一ドルだとしましょう。一ドルならば、それに合わせた映画を作ればいいのです[164]。そうでしょう。それから契約書を見ます。そこには、明後日、完パケを出さねばならないと書いてあります。何しろ一ドル映画ですからね。わたしはオーケーと言う。そして、それを実行するのです。工場や食堂で働く労働者たちと同じです。君が思っているのとは逆で、わたしの手は長くない［＝権力などない］のです。挨拶のときに振るぐらいにしか役に立ちません（笑）。

163 スタンリー・キューブリックはアメリカの映画監督。二〇世紀の映画監督で最も重要な監督の一人と言われる。代表作に『二〇〇一年宇宙の旅』（一九六八年）、『時計じかけのオレンジ』（一九七一年）。一九二八年生－一九九九年没。ここで名前が挙げられているのは、実際にキューブリックが『ナポレオン』を撮影しようとしたものの、資金が集まらず、頓挫した事実をふまえている。

164 与えられた条件の中で制作することについて、別の場所で、ゴダールは次のように言っている。「ひ

オフュルス　うちのパパは「編集は自分の責任ではない」と言っていたよ。思うに、確かにそれは間違いだった。パパや彼の時代には間違いではなかったけれど、現代では大いなる間違いだ。フランソワは注意してくれていた。最新作でも、私は製作をしていない。プロデューサーも全然見つからなかった。ベルトラン・タヴェルニエ[165]もこう言っていた。「君のお父さんが大貴族だった時代は終わった。今は物乞いをしたくなかったら、独立を保ちたかったら……」。【しばしの沈黙】。意見の相違ばかり探しているけれど、実際は、わたしは完全にジャン＝リュック・ゴダールと同じ意見なのです。いつもよく言っているように、単に私は間違いを犯して、自ら罠に入ってしまったのです。

ゴダール　ある程度の独立にすぎません。というのは、最近、全てを自分でやるのが好きなのと同じ位に、その反対も好きになっているからです。もう一度アメリカで、映画を一本撮ろうと試みたことがあります。原作はベストセラーだったので、ハリウッドの連中も最初から安心し切っていました。あらゆる映画は、本が原作ですからね。それで彼らにこれだけ言ったのです。「いいですか。私は厳密に昔風の演出家になりたい。つまり、初期作品の頃のニ

とつの制約があったわけです。そしてそうした制約こそが、スタイルとリズムを作り出すのです。だからといって、制約に屈従することが必要だと言おうとしているわけじゃ少しもありません。必要なのは、反対に、自分に力と柔軟性をつけるということです。そしてリズムというのは、自分が柔軟性をもって活動できる場所から生まれるのです。」（ジャン＝リュック・ゴダール『ゴダール映画史（全）』、前掲書、五九頁）。

165　フランスの映画監督・脚本家。代表作に『ラウンド・ミッドナイト』（一九八六年）。一九四一年生－二〇二一年没。

コラス・レイ[166]やロバート・アルドリッチ[167]のようにです。女優を選び、脚本家を選び、舞台美術を選び、予算を決定し、全ての用意が整ったら電話してください……」。うまく行きませんでしたよ。

パレスチナとイスラエルで映画を撮ること

オフュルス　まだ待っているんだな（笑）。もしそんな風にしなければ、彼〔＝ゴダール〕はこんなところにいやしなかったろうに。

ゴダール　もしそんな風にしなかったら、僕は確かにこんなところにはいないね。この通りさ。

オフュルス　その通り。おまけに当時は、意見の相違もなかった。この問題に関して、私はどうしたらよいかわからないよ。いつも仲良しで、毎朝ハグしあう仲でもない限り……。でも、ほぼありえない話さ。だって君は棘《ピック》で刺すからな……。

ゴダール　その通りだけど、レジの金はくすね《ピック》ないよ。

166　アメリカの映画監督。一九五〇年代のハリウッドの巨匠。ゴダールらヌーヴェル・ヴァーグの作家たちに敬愛される。代表作に『ラスティ・メン／死のロデオ』（一九五二年）、『大砂塵』（一九五四年）、『理由なき反抗』（一九五五年）。一九一一年生－一九七九年没。

167　アメリカの映画監督、プロデューサー。代表作に『ベラクルス』（一九五四年）、『キッスで殺せ』（一九五五年）、『カリフォルニア・ドールズ』（一九八一年）。一九一八年生－一九八三年没。

オフュルス　まったく（笑）。こういう棘棘《とげとげ》しい話題を扱うには、いつも互いに好感情を持ち続けていない限りは……。

ゴダール　そんなことないよ、君が……。

オフュルス　こんな身の毛もよだつような企画……。

ゴダール　君は誤解しているよ……。

オフュルス　彼の地で起きていることだとはね……。

ゴダール　誤解だってば……。

オフュルス　パレスチナとイスラエルとの間で起きていることだとは、わからなかったよ。もし誰が何をするのか、私たちの間で合意ができていたら、おそらく映画はすでにできあがっていただろう。今の状態よりはましだったろうね。

ゴダール　あの時、こう言えばすむだけの話だったんだ。僕はいついつに出発する。君も僕と一緒に行くことにするか、別に行くことにするか。船か、飛行機か、自分で漕いで行くか。好きな方法を言えばよかったんだ。好きなようにに参加してくれればよかったんだ。そうだろう。僕は君に言う。僕はこれこれの時期に現地にいる。そして君もそこにやって来る。当然ながら、現地で顔を合わせることになる。話し合ってもいいし、話し合わなくてもいい。作業をするだけだ。君には君の映画の撮り方がある。大きなパナヴィジョンのカメラと小さいパナソニックのカメラだ。僕には僕のやり方がある。それぞれが撮ったものを、あとで見る。あとで一緒に見るんだ……。

アンドレ・ガズュ　観客として言わせていただくと、お二人それぞれの見解が違っているのが、とても面白い（笑）。いえいえ、まじめに言っているのです。というのも、お二人とも、正直かつ自分の主観から話す方々なのですから。

ゴダール　そうお考えになるのは結構です。ですが、わたしにとっての正直さとは、まず映画を通じて、映画によって現れるものなのです。ユダヤ人とか、政治とか、何であっても、わたしのバロメーター、つまり、わたしの物差しは映画なのです。どんな映画を作った人物か。いつ、どんな時期に……ということが重要なのです。その作品を気に入るか、気に入らないか。もし作品が気に入らなければ、それを撮った人間も信用しません。もし気に入れば……。とはいえ、実際に会ってみると、ずいぶん印象と違うということがあります。こういってよければ、それは……。

オフュルス　撮影中だって、気持ちは変わっていくからね……。

ゴダール　全くその通り。二人の数学者みたいなものです。何の定理について仕事をした人なんだろう。一緒に少し話してみたらどうかな。それだけのことです。その後、二人の国の間で戦争が起これば、わたしたちは離れ離れになるのです。だからといって、方程式そのものが無効になることはありません。それだけのことです。多分……、君への契約書にはこう書かれている。「じゃあ、冒頭部分は僕に任せてくれ。君の好きな言い方を使えば、僕のちっぽけな「長い腕」でやってみせるよ。十万、二十万スイスフラン[168]なら用立て

168　二〇二二年現在、一スイスフラ

られる。借りてくることができると思う……」。この金額があれば旅費をまかなえる。ビデオカメラは無料《ただ》みたいなものだしね。

オフュルス　多分、またこの企画の話をすることがあるだろう。そうだね……(笑)、将来にね……。

ゴダール　今、話はついたじゃないか……(会場拍手)。

アンドレ・ガズュ　私も、二人の映画監督の友情に基づいた今日の再会が、複雑で、胸を引き裂くような状況をめぐる、それぞれの視点がクロスした作品に結実することを望んでいます。ゴダールが言うように、スイスで映画を作る資金が見つかると確信しています。マルセル、君の「最終《ファイナル》編集《カット》」権の問題が残っているけれども、多分、君は合意への道を見つけられるよ。

ヴァンサン・ロヴィ　だけど、マルセルがハリウッド映画の抜粋を作品に持ち込んで、製作会社を倒産させてしまったら、ゴダールさん、どうされ

ンはおよそ百二十円。

ますか。[169]

オフュルス　なんと（笑）。実に良い質問だ。

ゴダール　彼が著作権料を払えるなら、払えばいい。

ヴァンサン・ロヴィ　マルセルには無理です……。

オフュルス　またまたその話か。最初からやり直しだ。いや、私は払いたくないよ……。

ゴダール　それなら、君も僕のようにすればいい。僕は払いたくないから、忘れてしまうことにしてる（笑）。忘れてしまえばいいんだよ。

オフュルス　じゃあ、コーヒーでも飲みに行こうか。

ゴダール　そうだ、コーヒー代ぐらいはある。（笑）

169　『ゴダールの映画史』などに見られるように、後期のゴダールは過去のハリウッド映画のワンシーンなどを自由にトリミングし、その抜粋を使って自分の作品を作ることが多くなった。もちろん、ゴダールはそれらの著作権については頓着していなかった。ここではその制作方法を揶揄して、（ほとんどあり得ないことだが）もしマルセルがゴダールのような「リミックス」を行い、莫大な著作権料が発生することになったらどうするのかという冗談を言っている。

（ある女性観客から）オフュルス監督、作品制作であなたが直面されている問題について、もう少し具体的にお話をいただけたら大変嬉しく存じます。明らかに重大な問題です。あなたが最後に作られた作品は『前夜[170]』だったと思いますが、その続編の企画をお持ちでした。ですが、残念なことに、いまだ実現されないままです。

オフュルス　『悲しみと哀れみ』は、フランスの映画館だけで、六十万人の入場がありました。一方、『前夜』は一万九千人でした……【ため息をつく】。それゆえ、続編を作りたいのはやまやまですが、少なくとも言えるのは、まだ機が熟していないということです。ヴィヴィアーヌ・フォレステール[171]の一冊の本を、私は素晴らしいと思いました。本だけでなく、著者本人も素晴らしいと思いました。彼女はとても美しいだけでなく、見事な文体を持っているのです。それは『経済的恐怖[172]』という題名の本で、これを映画化したいと考えました。私たちは会うことになりました。彼女は『今夜、戦争の後で[173]』という自伝的な本を送ってきてくれていました。ほとんど誰にも、僅かな人にしか読まれなかった本です。彼女の本当の苗字はドレフュスでした。運転手

170　一九九四年公開。包囲されたサラエヴォを舞台にしたドキュメンタリー映画。

171　フランスの作家、批評家。ユダヤ人家庭で育ち、フランス占領期にはスペインに逃れる。一九二五年生－二〇一三年没。

172　一九九六年出版。メディシス賞（エッセイ部門）受賞作。息子の死をきっかけにして書かれ、地球規模で広がる経済優位の傾向を批判する作品。

付きの車三十台による大脱出《エグゾード》を経験していました。ピレネー越えは、馬でした。一緒にいたお父さんはペタン[174]元帥派のユダヤ人でした……。国境にたどり着くと、スペイン側では国家憲兵《グアルディア・シビル》が待ち構えていました。馬にまたがったまま、彼女の父は言いました。「フランコ万歳」。すごくいい話だと思いましたよ……。ところが、ジャン＝リュック、どうして私たちはその映画を作っていないのか。君がドキュメンタリーの部分を担当し、私の方は、積年の夢だった役者を使って作業するということもできたはずだ……。ですが、彼女は望みませんでした。その理由を少し考えてみたのですが、彼女の外見や彼女の一族を、私が馬鹿にしていると思われたのかもしれません。全然、そんなことはなかったのに。確かに彼女は銀行家の娘で、見事な経歴を持ち、フェミナ賞受賞者で、まさにパリというものの一部をなす人物でした。だけど、突然、あんなすさまじい本を書くなんて……。映画にしたかったけれど、おそらく二、三年はかかる仕事だったし、彼女も結局望まなかった。だから、やめにしたのです。

ゴダールのナチス・ドイツ体験

（ある男性観客から）ゴダール監督は『悲しみと哀れみ』の無意識に言及し

173　一九九二年出版。

174　フィリップ・ペタンはフランスの軍人・政治家で、第一世界大戦の英雄。第二次世界大戦のフランス占領期には、対独協力であるヴィシー政権の長となる。一八五六年生－一九五一年没。

ていました。この無意識について、もう少しご説明をいただくことはできるでしょうか。

ゴダール　いいでしょう。正確にわたしが何を言ったのかを思い出させてください（笑）。

（同じ男性観客から）さきほど『悲しみと哀れみ』が話題になったとき、私の記憶違いかもしれませんが、この作品の中に無意識があるとゴダール監督はおっしゃったのです。ですから、一体どのあたりのことをおっしゃっているのか、と考えた次第です。

ゴダール　あの映画に興味を持ったのは、私がそこに見事に描き出されていたからです。私はパリに住んでいて、十歳でした。フランスとスイスの家族の間を行ったり来たりしていました。あの時……わたしはパリにいました。今日気がついたのですが、ドイツ軍のパリ入城の時の記憶が全くありません。何一つです。写真とか、そういうものでしか知らないのです。ですが、あの時にパリにいたのは確かなのです。加えて、わたしは大脱出《エグゾード》[175]をしています。

175
「大脱出《エグゾード》」の元の意味は、モー

運んでくれたのは、保険会社の社長をしていた大富豪のおじです。最新鋭のプジョーを一台所有していました。覚えているのは、その車のギヤチェンジが、電磁気によるギヤボックスで行われていたことだけです。コータル・ボックスという名前でした。車中では、みんながそれを褒めそやしていました。フィニステール県[176]のベッグ＝メイユ村の海岸に到着すると、みんなで海水浴に出かけました。すでに大西洋では、金髪の背の高い少年[177]たちが海水浴をしていたことを覚えています。もちろん、後で聞かされたので、覚えていますというのは正確ではありませんけども。それ以外で覚えているのは、占領軍のドイツ司令官邸の前を通るときは、先ほどの金持ちのおじの妻、つまりは、おばが、棒付きキャンデーをわたしたちに買ってくれたことです。司令官邸の歩哨の前を通りながら、私たちはこんな風にする権利が与えられたのです【ゴダールは下から上に想像上のキャンデーをなめる仕草をしてみせる】。これが、わたしなりのレジスタンス活動でした（笑）。それから、わたしはパリに戻されましたが、定期的にスイスに立ち寄らねばなりませんでした。スイスにいる母方の祖父母［モノー家］は、どちらかと言えば、模範的な対独協力者でした。知ったのは後になってからです。彼らの主治医はユダヤ人で、彼の名前と、彼について祖父が言っていた冗談はいまだに覚えています。ソファール医師というの

セの導きのもと、ファラオの圧政から逃れて「約束の地」へと脱出したユダヤ人たちの「出エジプト」のことを指す。この場合、ナチス占領開始の前後、多くのフランス人、外国人たちがフランス国内の占領地帯から自由地帯や国外へと脱出したことを指している。

176　ブルターニュ地方にある県の一つ。

177　ドイツ人の若者たちのこと。

です……。

オフュルス　ソタールでは？

ゴダール　ソファールです。しかも、この祖父母は、ヴィシー[178]に住んでいる友人宅にわたしを送り込みました。そこで三ヶ月、つまり、自由地帯のヴィシーで三ヶ月を過ごしました。わたしが世話になっていた婦人は、当時における映画狂で、彼女と毎日映画館通いをしていました。ここから私の映画教育は始まったのです。こんな風にして、その後スイスに移動し、全てを無知のままに過ごしました。何にも知らなかったのです。全てに無知で、どちらかと言えば、わたしはドイツ軍に味方さえしていたのです。思い出すのは、地図を作って新たな占領地に×印をつけていたことや、ドイツ軍が縦深攻撃[179]という名の作戦を遂行していたことです。スターリングラード攻防戦以降は、何も覚えていません。それ以後は、記憶の欠落のようなものができています。つまり、わたしが述べたのは、この無意識に関係するもののことです。この無意識について、マルセルは『悲しみと哀れみ』や他のドキュメンタリー作品で精査していますが、そうした偉大な仕事の頂点をなしているのが『ホテ

178　ナチス・ドイツの占領期、フランスは北部と南部に分割され、ドイツが占領している北部は「占領地帯」、南部は「自由地帯」と呼ばれた。自由地帯にあるヴィシーにおかれたフランス政府は、ペタン元帥を長とするヴィシー政権であり、「フランス国」を名乗った。

179　縦深攻撃は、陸上戦闘における戦術の一つで、圧倒的な戦力によって敵陣を深く縦長に抉っていく攻撃方法。

ル終着駅』です。この映画が「クラウス・バルビーとその時代[180]」と題されていることを、忘れてはいけません。

シネマトグラフの無意識

オフュルス　今日もなお、そうした人々は存在しています。ここでもやはり「長い手」の話になってしまうのですが、例えばシモーヌ・ヴェイユ[181]氏の場合です。彼女は検閲を行ったことを、今なお一点の曇りなく、誇りにしています。一体、ものであれ人であれ、何かを検閲したことを誇りに思うなんてことがどうして可能なのか、彼女に聞いてみたいところです。彼女の誇りは、『悲しみと哀れみ』のオンエア禁止に貢献したことです。彼女にとって、あの映画は恥ずべきものであり、フランスに唾を吐き、レジスタンスを愚弄するものなのです。【ため息をつく】。「It's in the eye of the beholder !（全ては見る人次第だ）」。全くのでたらめです。おそらく私の無意識には、自分が中央ヨーロッパ出身のユダヤ人、ドイツのユダヤ人の息子であるという自己認識があります。それは多分、連続する二つの亡命を父とともにしたせいです。まずは大脱出《エグゾード》があり、それから一九四一年に命からがらの出発がありました[182]……。とはいえ、これはやはり、あの一連の出来事についての、そしてあの時代に

180　この作品は、リヨンの屠殺人と呼ばれたクラウス・バルビーというゲシュタポ幹部を扱うものであるとともに、彼によるレジスタンス弾圧やユダヤ人強制移送（虐殺）に協力したフランス人たちをも扱っている。

181　フランスの政治家。ユダヤ家系出身で、家族の多くを強制収容所で失う。哲学者シモーヌ・ヴェイユと発音は同じだが、もちろん別人。哲学者のヴェイユはWeilで、こちらはVeil。一九二七年生－二〇一七年没。

182　オフュルス家はナチスが台頭した一九三三年にドイツからフランスに亡命、一九四一年にはフラン

ついての、アングロ・サクソン的なものの見方なのかもしれない。

ゴダール　『悲しみと哀れみ』のことを言っているのかい。

オフュルス　そうだよ。私はそう思っている。確かに私の中には次のような姿勢、つまり、「何が起きたのかを見てみようじゃないか。この歴史を物語ってみようじゃないか」という、素朴さと決意の入り混じったものがある。ところで、この映画を作っているとき、アメリカで一人の教授が本を書いていた。映画公開から六ヶ月後に出版されたので、私たちはその本を参照することはできなかった。同時進行だったんだ。教授の名前はロバート・パクストン[183]。シモーヌ・ヴェイユ氏でさえ、この本を無視することはできなかった。何しろ、教授様が書いたんだからね……。

ゴダール　違う。それが映画じゃなくて、本だったからだよ……。

オフュルス　映画じゃなかったからか。実に有り難い話だよ。

スからアメリカに脱出。

183　アメリカの歴史家・政治学者で、コロンビア大学名誉教授。ここで言及されている本は『ヴィシー時代のフランス　対独協力と国民革命一九四〇－一九四四年』(一九七二年)。一九三二年生まれ。

ゴダール　言葉で書かれていて、映像《イメージ》ではなかったからさ……。

オフュルス　ああ、そうだね、その通りだ。パクストンは「グランクロワ」、いや、「コマンドゥール」等級のレジオンドヌール勲章[184]を藪から棒に授与されたところだ。私もベアルン[185]で、そんなちょっとしたものをもらってやっても、おそらく困りはしないだろうなと思ったことがあった。だから、誰かが勲章授与の話を持ってきたとき、こう言ってやったんだ。私のあの作品を観て欲しいとね。なるほど、彼らは確かにそれを観てくれた。だって、総合情報中央局[186]を送り込んできたからね（笑）。やはり物事というのは、それほど変わらないものだね……。

ゴダール　ああ、変わらないよ。最後に、先ほどの『悲しみと哀れみ』の無意識について質問してくれた方に答えます。その無意識とは、私が映画と呼ぶもの、かつて「シネマトグラフ」と呼ばれていたものの無意識のことだったのです。それは、プルーストにおいて、文学の無意識を語り得るのと同じです。マラルメにおいて、ランボーにおいて、他の作家においても、トルストイにだって、文学の無意識は見出されます。すなわち、マルセル・オフュル

184　レジオンドヌール勲章の制度は、ナポレオンが創設し、現在もフランスの最高位勲章とされる。等級は「グランクロワ（大十字）」、「グラントフィシエ（大将校）」、「コマンドゥール（司令官）」、「オフィシエ（将校）」、「シュヴァリエ（騎士）」の五等級がある。ちなみに、パクストンが授与された実際の等級は「オフィシエ」（二〇〇九年授与）である。

185　オフュルスの居住地のあるピレネー山中の地域を指す。

186　総合情報中央局で略称は「DCRG」ないしは「RG」。警察組織の一つで、とくに政治情報の収集に当たる。日本における公安警察に相当していたが、二〇〇八年に改組。

スの優美さと人格とによって、あの作品には映画の無意識が表出していたのです。

オフュルス なんだ、優美さを持ち出すから、むしろ、父マックスのことを話そうとしているのかと思ったよ。ともかく、そのお言葉は、有り難く頂戴しておくよ。

（左から）ゴダール、ヴァンサン・ロヴィ、フランシス・カンデル、オフュルス（原書 83 頁・撮影：アンドレ・ガズュ）

（左から）オフュルス、フランシス・カンデル、ヴァンサン・ロヴィ、ゴダール（同上）

ジャン＝リュック・ゴダールとマルセル・オフュルスの対談の中で、何度も言及されていた映画作品の企画は、残念なことに実現に至らなかった。ただし、二〇一〇年一月二〇日付のある手紙の中で、ゴダールはオフュルスに、この作品を三部構成で共同監督することを提案している。それは、第一部はマルセルが監督をし、第二部は第一部への応答としてゴダールが監督し、第三部は第二部への応答としてオフュルスが監督するというものだった。ゴダールは同じ手紙の中で、この作品の題名は『Adieu au langage（さらば、言語活動よ）』にしたいとすら書いていた。*

＊ この『*Adieu au langage*』という題名は、実際にゴダールが二〇一四年に発表した映画作品につけた題名と同じである（邦題は『さらば、愛の言葉よ』）。ただし、もちろん、ゴダール単独での監督作品である。

わが友、ゴダール

一九六八年五月革命の時期のダニエル・コーン＝ベンディット

わが友、ゴダール

ダニエル・コーン＝ベンディット[187]

　ゴダールとの付き合いの始まりを尋ねられたら、『勝手にしやがれ』からだと答えています。一九五九年に封切られたこの映画は、私にとって映画の中の映画です。現代映画の概念そのものを体現している映画。いつの時代にも通用する映画。パンクという言葉ができる以前のパンクです。「君にはいかなるチャンスもない。だがそれをつかめ[188]」。

　この作品を初めて観たのは、一九六〇年代の始めです。以来、二十回は観ていますね。ゴダール本人と知り合ったのは、もう少し後のことです。私にしてみれば、彼はすでに神話上の人物でしたが、彼の方は私の存在すら知りませんでした。この関係に変化が生じたのが、一九六八年です。ゴダールが

187　一九六八年パリ五月革命の学生指導者の一人で、髪の毛の色から「赤毛のダニー」という渾名を持っていた。ドイツ生まれのユダヤ人だったため、学生運動に反対の立場をとっていたジャン＝マリ・ル・ペンは彼が「外国人」であることを喧伝した。しかし、五月革命の学生たちはこれを逆手にとって「わたしたちは皆ドイツのユダヤ人だ」というスローガンで応えた。現在は欧州連合の政治家として活躍している。一九四五年生まれ。

188　おそらくは、ショーペンハウアーの言葉。

言うには、彼が私を初めて見たのは、シネマテーク・フランセーズとその館長アンリ・ラングロワ[189]のためのデモのときです。当時の文化大臣アンドレ・マルロー[190]によるラングロワ更迭に反撥して、映画人たちがデモを行ったのです[191]。私も友人たちと現場にいて、窓台の上から何か言いました。

一九六七年初めから、ゴダールは頻繁にナンテール大学に来ていました。アンヌ・ヴィアゼムスキー[192]主演の『中国女』を準備していたからです。一九六八年三月、ナンテール大学が学生たちに占拠された最初の大学となったときも、ゴダールは現場にいました。彼と初めて言葉を交わしたのは、この日だと思います。この日は言わば、私の政治家としてのデビューの日でした。この年は頻繁にゴダールと顔を合わせましたね。学生運動の間中、ゴダールは撮影しまくっていましたから。

「イデオロギー的にかなり偏った内容」

ゴダールの毛沢東主義は周知のことで、私の方向性とは全く異なっていました。だから、政治的な場で、彼と遭遇することはありませんでした。だけど、六八年の夏に知り合った一人のプロデューサーが、私に映画を撮らないかと声をかけてきたのです。当時は、誰でも映画が撮れると思われていたのです。

189 シネマテーク・フランセーズの創設者。私財を投じて、数多くのフィルムの保存と上映を行い、ゴダール、トリュフォー、ロメール、リヴェットらによるヌーヴェル・ヴァーグを生み出す土壌を作り出した。一九一四年生－一九七七年没。

190 フランスの作家、政治家。レジスタンスの闘士で、ド・ゴール政権下では初代文化相を務めた。代表作に『人間の条件』、『想像の美術館』。一九〇一年生－一九七六年没。

191 文化大臣マルローはシネマテーク運営のために一八五八年から助成を行っていたが、ラングロワの管理・運営の杜撰さが問題となり、一九六八年二月に館長の交代を行なった。これに対して、チャップリン、キューブリック、オーソン・ウェルズ、ブニュエルといったフランス国外の映画人とともに、ト

ジャン＝リュック・ゴダール監督『勝手にしやがれ』

私は答えました。「もちろんさ。ジャン＝リュック・ゴダールと西部劇を撮ってみたいね」と。もちろんでまかせでした。でも、どこからかそれがゴダールに伝わって、彼はこう答えたのです。「西部劇を作るのなんか真っ平だ。だが、やってみてもいい」。

そんなわけで、一九六八年九月にローマで再会し、西部劇『東風[193]』を共同制作する流れとなったのです。まったく馬鹿げた話です。私は二三歳で、ゴダールは四〇歳ぐらいでした。全ては総会（全員参加の集会）で議論して決めていきました。午前中はみんなで集まって、映画とその重要性、あらゆることの意味について話し合っていました。そして、あるタイミングで撮影が始まりました。時折、私たち若者連中は海岸に行って、昼寝をしたりしていました。ゴダールも仲間に入りたそうな様子でしたが、いつもホテルに戻ってしまうのです。私たちの政治思想に興味がなかったのです。彼は毛沢東主義でしたからね。しかし、私たちの生き方には、大いに興味を持っていました。

毛沢東主義者たちが厳格であるのに対して、私たちは予測不可能でした。私たちに重要だったのは、政治より人生の方だったのです。もちろん、これも政治的な態度の一つであることに違いはありませんね。つまり、私たちは

リュフォー、ジャン＝ピエール・レオー、アラン・レネ、ゴダール、ジャック・リヴェットなどが抗議の声をあげ、政府への反対運動に発展した。当時は無名だったダニエル・コーン＝ベンディットもそこに加わっていた。

192 フランスの女優、作家。祖父はフランソワ・モーリアック。ロベール・ブレッソン監督『バルタザールどこへ行く』（一九六六年）で女優としてデビューし、一九六七年にゴダール監督『中国女』に出演、同年にゴダールと結婚。しかし、一九七〇年、ゴダールの自殺未遂を経て離婚。その後は作家として活躍。小説作品として『愛の賛歌』（一九九六年）、『ひとにぎりの人々』（一九九八年）。一九四七年生−二〇一七年没。

193 最終的には、ジガ・ヴェルトフ集団（ゴダールとジャン＝ピエール・ゴランの共同名義）製作として完成される。マカロニ・ウェスタンの名優ジャン・マリア・ヴォ

アンリ・ラングロワ　©AGIP / Bridgeman Images

『中国女』撮影中のヴィアゼムスキーとゴダール　©Photofest / アフロ

お互いに惹かれあっていたのです。私の方は、思想は異なっても、ゴダールの一貫した知性に魅了されていました。一方、彼の方は、私たちの自由に魅了されていたのです。当時の私の写真が一枚残っています。そこに写っているのは、短パンをはいて、自動拳銃のコルトをおもちゃにしている姿です。もちろん、ふざけて映画の小道具で遊んでいただけです。映画の内容はちんぷんかんぷんで、ほとんど得るものはありませんでした。後年、ゴダールは、この映画をジャン=ピエール・ゴラン[194]とジガ・ヴェルトフ集団[195]とともに完成させますが、イデオロギー的にかなり偏った内容になっていました。とはいえ、私たちは楽しいひとときを一緒に過ごしたのです。ゴダールにとっては、それは辛い時期でもありました。妻のアンヌ・ヴィアゼムスキーが彼の元を去ったからです。しかも、私の友人と一緒にです。ただ、人生とはいつもそうしたものです。そして、その傍らに、作られつつある映画があったのです。

「知的な次元では挑発的ですが、感情的にはとても脆い」

革命の種を宿しているもの全てにゴダールが飛びついていくのは、自分自身の歴史を克服するためだと理解できたのは、この頃のことです。ゴダールを理解したかったら、この事実をしっかり把握しておかねばなりません。彼

ロンテとヴィアゼムスキーを主役に配した西部劇風の、マルクス主義と毛沢東主義をテーマにした映画。実際、主役のヴォロンテもイタリア共産党員だった。脚本にはゴダールとベンディットの名前がクレジットされ、ともに出演もしている。話に出ている撮影クルーの「総会」の様子も作中に挿入されている。一九七〇年公開。

194　フランスの映画監督。ルイ・アルチュセール、ミシェル・フーコー、ジャック・ラカンのもとで学ぶ。ゴダールとの共同名義で、ジガ・ヴェルトフ集団の名の下に映画制作を行う。その後、アメリカの大学で教鞭をとる。代表作に『東風』（一九六九年）、『ウラジミールとローザ』（一九七一年）、『万事快調』（一九七二年）、『ジェーンへの手紙』（一九七二年）。一九四三年生まれ。

195　ジャン=リュック・ゴダールとジャン=ピエール・ゴランを中心として結成された、一九六八年か

の全生涯は、自分の出自に対する永遠の反抗なのです。つまり、スイスの大富裕層に属し、人種差別的で、ファシスト的な自分の家系に対する反抗です。六八年の五月革命や毛沢東主義が彼を魅了したのはそのためです。彼にとっての反抗は、最大限にラディカルなものである必要があったのです。ゴダールの知的な思考だけでなく、映画をめぐる思考も同様の論理で動いています。ヌーヴェル・ヴァーグは、高級フランス映画に対するラディカルな批判です。どんな政治参加《アンガジュマン》を行うときも、常にゴダールは最もラディカルな立場を選ぶのです。

他方でゴダールは、愛すべき、とても優しい心の持ち主でもあります。例えば、毎年二月になると、彼はいつも「誕生日おめでとう」という短いメッセージを送ってくれました。それは私の政治家としての誕生日祝いだったのです。私たちが仲違いするその日まで、メッセージは何年間も届きました。また思い出すのは、ローマでアンヌ・ヴィアゼムスキーが彼の元を去ったとき、ゴダールが彼女に一枚の素描を送ったことです。描かれていたのは、彼の映画にも出てくる主題の一つ、カンガルーでした。カンガルーはヴィアゼムスキーのことで、お腹のポケットの中にはゴダールが描かれていました。ですが、この素描は、一緒にいようというメッセージを伝えるものでした。

ら一九七二年の期間に活動した匿名の映像制作グループ。「ジガ・ヴェルトフ」という名称は、ロバート・フラハティとともにドキュメンタリーの父とされ、『カメラを持った男』(一九二九年)を撮ったソ連の映画監督ジガ・ヴェルトフ(一八九六年生－一九五四年没)から取られている。

彼女はすでに彼の元を去っていました。

ゴダールは知的な次元では挑発的ですが、感情的にはとても脆い。私が彼を気に入っているのは、彼が孤独者であるから、その反抗において、常に孤独者であり続けてきたからです。例えば、七〇年代ですが、彼はキューバに行きました。でも、滞在中ずっと、彼はホテルの部屋に閉じこもっていました。彼が外に出なかったのは、人々とコンタクトを取ることができなかったからです。アンヌ＝マリー・ミエヴィルがいないとだめなのです。ゴダールは一九七五年から彼女と組んでいますが、彼女に出会って初めて、彼は共同で何かをすることのできる相手、無二の相棒《アルテル・エゴ》に出会うことができたのです。彼らの関係は、喩えてみれば、映像と音の関係のようなものです。彼らが最初に共同制作した長編は、パレスチナについての映画『こことよそ』（一九七六年）です。反ユダヤ主義という非難をゴダールが受けた、初めての作品です。この映画は一九六九年から一九七〇年にかけて、パレスチナ難民キャンプで、しかも特殊な状況下で撮影されています。ラディカルな毛沢東主義者ゴランとの共同制作ですが、彼らは現地で行動をともにしたパレスチナゲリラ《フェダイン》や他のグループたちに、道具として利用されたのです。帰国後、二人は作品を放置しました。しかし、数年後、ゴダールは全てをやり直したのです。アンヌ

＝マリー・ミエヴィルと再撮影を行い、セリフを加えました。ゴルダ・メイア[196]とアドルフ・ヒトラーとがイメージ上で重ね合わされる有名なシーンは、この映画の中にあります。それが言わんとしているのは、イスラエル人たちがパレスチナ人たちに、ナチスがユダヤ人にしたのと同じことをしていると いうことです。以上のように、ゴダールの姿勢はラディカルに親パレスチナ派であり、反シオニズム的なのです。つまり、今日のパレスチナ人たちはかつての犠牲者たちの犠牲者になっている、と考えるのです。この作品以来、次のような問いが囁かれるようになりました。ゴダールは反ユダヤ主義者なのか。

「それがゴダールの問題だ」

この問いには答えようがありません。ただ、本気で検討してみるならば、それは興味深い問いです。最近、ゴダールと緊密に協力して仕事をしていた人物に電話をしました。ロマン・グーピル[197]です。ちなみに、彼とゴダールはかなり前に仲違いをしていて、もはやゴダールの方は彼に興味を持っていません。ともかくグーピルに質問をしてみました。「君はジャン＝リュックが反ユダヤ主義者だと思うかい」。彼は私に答えました。「それを言うことはで

196　イスラエルの政治家で、同国初の女性首相。ミュンヘン・オリンピック事件（註200参照）への報復として、直ちにPLOへの空爆を行い、さらに実行犯である「黒い九月」メンバーの暗殺作戦「神の怒り作戦」を実行した。一八九八年生－一九七八年没。

197　フランスの映画監督。五月革命に高校生で参加し、ゴダール監督『勝手に逃げろ／人生』では助監督を務めた。一九五一年生まれ。

きないよ。彼の育った家庭を考え合わせる必要があるから」。ゴダールはロマンに一度こう言ったことがあるそうです。「聞いてくれ。僕は子供の頃、ドイツ国防軍[198]の進軍状況を小さな旗で印をつけていたんだ。ロマン、君は共産主義者の家の子だから、別の遊びをしたはずだ。ダニーはユダヤ人移民の家の子だ。全く違うんだ。だから現在の僕たちは、こんなに違った人間になってしまっているんだ」。

ゴダールの気持ちは、引き裂かれていると思います。もちろん、ゴダールは「カシェル[199]」ではないと確かに言えます。しかし、反ユダヤ主義の活動家とまで言えるでしょうか。なるほど、ユダヤ人についてのジョークは言います。一般の人々と同じようにです。しかし、それは反ユダヤ主義の定義からは程遠い。彼の問いは——この点に関して彼はサルトルに近い——次のようなものです。今日、誰がユダヤ人なのか。ゴダールが言うには、今日のユダヤ人はパレスチナ人なのです。ゴダールとサルトルは、もちろん違うやり方ですが、一九七二年のミュンヘン・オリンピック事件[200]のときに何が起きたのかを理解しようとしました。そして、彼らは次のように公言しました。あの事件はパレスチナ人によるレジスタンスの一つの形である、と。その後、サルトルはこの発言を撤回しました。彼は常に自分をユダヤ人と同化させていまし

198 一九三五年から一九四五年の間のドイツの陸・海・空軍。

199 「コーシュ」とも言い、主に食べ物について、ユダヤ教の戒律に適合していることを意味する。この場合は比喩的な意味で、親ユダヤ人かどうかぐらいの意味。

200 一九七二年のミュンヘン・オリンピック開催中、パレスチナのテロリスト組織「黒い九月」が選手村のイスラエル選手を襲撃した。二人を射殺後、人質とともに立て籠もった犯人側と交渉が行われた

たからね。サルトルにとって、ユダヤ人は迫害と被迫害者たちの象徴なのです。サルトルが親パレスチナ派だったのは、毛沢東主義者だった頃だけです。

それと同様に、ゴダールの反ユダヤ主義、すなわち、反ユダヤ主義とみなしえる態度は、彼の毛沢東主義者時代に始まります。しかし、本当のところを言えば、今日に至るまでずっとゴダールの頭の中を占めてきたのは、次のことなのです。つまり、私たちはナチスからユダヤ人たちを守るべきだった。そして、今日のユダヤ人とは誰か。パレスチナ人である。すなわち、イスラエルから彼らを守らなければならない、と結論されるのです。この考えが、正しいか間違っているかは問題ではありません。この議論の出口はどこにもありませんから。誰にでも欠点はあります。小説や映画でもそうでしょう。そして、この場合、そこがゴダールの瑕《きず》なのです。

「それを聞いた瞬間、ゴダールは怒りを爆発させた」

彼の最新作『ゴダール・ソシアリスム』[201]にも、奇妙なユダヤ人の物語があります。一人の銀行家の物語であり、それに続いて、無傷のパレスチナの素晴らしいあの映像が映るのです。私は喜んで認めます。ゴダールはとても偉大な芸術家です。反ユダヤ主義者のセリーヌ[202]が戦争について最も印象的な本

が、最終的に人質九名全員が死亡するという結果に終わった。多数の死者が出たオリンピック史上最悪と言われるテロ事件である。

201 フランス＝スイス合作の映画。全体は三部から成り、第一部ではエジプト、パレスチナ、オデッサ、ギリシャ、ナポリ、バルセロナと地中海をクルーズしていく客船と乗客たちが映される。二〇一〇年

の一つを書いたように。リヒャルト・ワーグナー、ゴットフリート・ベン[203]などもそうです。「カシェル」ではない芸術家は山ほどいます。しかし、当然ながら、問いは残り続けます。どうしてユダヤ人たちはこれほど問題を引き起こすのか。私は常にこう答えます。「犠牲者というものは、必ずしも、定義上において善良な人々というわけではない。犠牲者は犠牲者であるに過ぎない」。そしてゴダールは言います。「そう、ユダヤ人たちはかつて犠牲者だった。しかし、彼らは善良な人々ではなかった。彼らが現在パレスチナ人たちにしていることを見るがいい」。物事をこのように整理するのは、おそらく間違いでしょう。ですが、私にだって理解できないのです。大虐殺《ショア》という歴史を持ち、あのユダヤ人絶滅計画を生き延びた人々が、どうしてあんな植民政策を実行できるのかということがね。サブラー・シャティーラの大量虐殺事件[204]の後、イスラエル国防軍がシリア人とレバノン人の民兵たちを掃討し、パレスチナ人たちを救出するという夢を当時見たことを覚えています。どうして彼らはそうしてくれなかったのでしょうか。人間が歴史から学ぶことができればよい、とずっと願ってきました。しかし、だめです。人間たちは自分の望むことしか学ぼうとしないのです。

ゴダールは絶えず、ユダヤ人たちは必ずしも善良ではない、ということを

公開。

202 ルイ＝フェルディナン・セリーヌはフランスの作家、医者。代表作はここで言及されている『夜の果てへの旅』（一九三二年）であり、現在も大きな評価を受けている。その一方、反ユダヤ主義的な文書が問題となり、フランス解放後は亡命生活を余儀なくされた。一八九四年生－一九六一年没。

203 ドイツの表現主義派の詩人。一八八六年生－一九五六年没。

204 一九八二年、イスラエル国防軍の照明弾を合図に（とされる）、親イスラエル派のレバノン人民兵たちが、レバノン内にあるパレスチナ難民キャンプに侵入し、大虐殺を行った事件。国際社会に大きな反発を与え、イスラエルではシャロン国防省の辞任という結果になった。

あらゆる人に証明したがっています。これは彼の問題点です。しかしながら、そうすることで、ゴダールが良い問いを投げかけているのは確かです。

それゆえ、言うまでもなく、彼にアカデミー名誉賞を授与するのは良いことだと思います。[205] 疑いの余地なく、映画芸術科学アカデミーはゴダールが映画界の最も偉大な精神の一人であることを理解したのです。ゴダールとは、映画を作り、そして解体した人物です。新たな音と信じられないような映像《イマージュ》を実験し、常に伝統に抗いながら作品を作り、新しいものを生み出しています。

私たちの関係が終わったのは、ボスニアをテーマにした彼の映画『フォーエヴァー・モーツァルト』(一九九六年)が公開された、あの忌まわしい晩です。先行プレミア上映会がストラスブールで行われ、上映後の討論の司会を私が務めることになったのです。喜んで引き受けると答えました。映画は上映されました。だが、人々はそれを理解できなかった。当時すでに、ゴダールの映画はとても難解だったのです。討論において、観客たちはかなり手厳しかった。彼らは失望し、憤慨し、ゴダールを手厳しく攻撃しました。そして、私は生涯悔いることになる失敗をしたのです。討論がうまく行っていないのを見て、私はこう言ったのです。「注意してください。あなた方の前にいる

205 二〇一〇年、八〇歳のゴダールは第八三回アカデミー賞でアカデミー名誉賞を授与された。その際、ゴダールの反ユダヤ主義的傾向を主張し、授与を批判する記事がアメリカのメディアにいくつか出た。

のは、映画史上で最も偉大な監督の一人なのですよ。作品がどんなものであれ、理解しようという努力もせず、軽々しく文句を言うのはやめてください。ゴダールはあらゆる時代を通じて、最も偉大な映画を作っています。それは『勝手にしやがれ』という作品です」。これを聞いた瞬間、ゴダールは怒りを爆発させて、こう叫び始めたのです。あんな映画なんか存在しなければいい、と。あれは彼が作った最低にして最悪の作品であり、もしできるならば、全てのコピーを破壊してしまい、今後、誰もこの映画のことで自分をうんざりさせることのないようにしたい、とね。

「全部手放す」

私は茫然自失していました。最終的に、適当なところで討論は終わり、私たちは食事に出かけました。俳優たちも一緒でした。議論はレストランでも続きました。すると不意に、俳優たちがゴダールに言ったのです。「君に何がわかってるっていうんだ。私たちも作品を理解できなかった。だって、君は私たちに説明すらしなかったじゃないか。私たちと口もききやしない。君の映画はね、どの映画もみんな、俳優たち自身、自分が何をしているのか、何のためにしているのかも全くわからないままに撮影されているんだ。君はずっと、私たちとコミュニケーションが取れないままだった」。この言葉にゴダールはこう切り返しました。「君たちこそ、僕に全く興味を持ってくれなかったじゃないか。一度たりとも、僕の調子が良さそうだとか悪そうだとか、考えてくれたことがないじゃないか」。

そう、これがゴダールです。彼の頭の中では、自分や自分の作る映画に興味を持ってくれる人は誰もいないのです。その晩はかなり辛辣なやり取りが行われ、辛い時間でした。そして不意に、ゴダールは席を立つと、出て行ってしまいました。もちろん、その前に、彼は全員分の勘定を払い終わっていました。それ以来、ゴダールと私の間は音信不通になったのです。

ところが、今年の始めです。長い沈黙の歳月を隔てて、『ゴダール・ソシアリスム』の製作会社が私に電話をかけてきたのです。作品について、ゴダールと話をしてみないかという打診でした。望んだのはゴダールです。私はレマン湖畔にあるロール村の彼の家に行きました。そこにはゴダールの映画制作用の家と実際に住んでいる家がありました。私が入ったのは、映画制作用の家の方です。玄関を入ると談話室があって、信じられないぐらい大量の本が置かれています。その右側には小さな部屋があって、ソファとテーブルが一つずつ置かれています。そして、その奥の大きな部屋には、かなりの旧型から最新型のものまで、編集台だけがずらりと並んでいます。さらに、その奥には、上映室があります。上映室と編集室の間は、ビデオ図書館になっています。そこには気に入ったものも嫌いなものも合わせて、ゴダールが観た全ての映画が信じられないぐらい大量にコレクションされています。私は彼が映画作りを止めたがっていると聞いていたから、「これらの機材を全部どうするつもりだい」と尋ねたのです。「全部手放すよ。プロデューサーが丸ごと買い取りたいと言ってきている。後は彼の好きなようにすればいい」とゴダールは答えました。「じゃあ、君の映画コレクションはどうするのさ。とにかく、これは一つの歴史だよ。これがあればゴダール博物館がつくれる」。「冗談じゃない。絶対にだめだ」。

「ゴダールは自分の孤独を意図的に作っている」

私たちの討論はとてもうまく行きました。ゴダールの映画において重要なのは、その良し悪しではありません。私は『ゴダール・ソシアリスム』を、シークェンス単位で、ものすごく気に入っています。客船上のシーンなんて、ヨーロッパを語るのにあんな舞台を考案するとは思いもよりませんでした。それに、自分の政治的世界を様々な場所によって表現するアイデアも秀逸です。つまり、スペインが意味するのは、フランコに抵抗する共和主義者たちが起こしたスペイン革命。[206]『戦艦ポチョムキン』の舞台であるオデッサは、ロシア革命。ジェノヴァ、ナポリはイタリア革命。また、ゴダールにとって思考の源泉であるギリシャ。そもそもギリシャは、自らの伝統を「ゴダールのモンタージュのように」寄せ集めで全部作っていますからね。そして彼の夢、パレスチナ。素晴らしい映画だ。この作品はゴダールの知的宇宙の大全なのでしょう。

いずれにしても、ゴダールは「やあ《サリュ》」と挨拶してくるタイプの人だったという印象を持っています。全てを捨てたがりますが、まず第一に和解を望んでいる人なのです。ゴダールは絶対に私と和解をしたかったのだと思います。彼と外界との関係には、何かしらとても不安定なものがあると感じたことがあります。私との関係について言えば、ゴダールは人生でほとんど持つ機会のなかった関係を持てたのだと思います。私たちは対等な者同士として出会いました。私たちは競争相手でもなく、別の惑星でそれぞれ仕事をしています。彼にはそれが楽だったのです。だから私に興味を持つのです。テレビでやっている馬鹿げたトーク番組を観ていると言っていました。かつてテニスを習ったときと同じで、トレーニングだそうです。討論のための一種のトレ

206　一九三六年、人民戦線政府が樹立されると同時に軍部がクーデターを起こし、スペインは両者による内戦に突入する。ヘミングウェイらの国際義勇兵たちが人民戦線側について戦うが、最終的にはフランコ将軍率いる軍部の勝利に終わる。この内戦の最中、いくつかの都市では労働者たちによる自治政府が短期間であれ成立した。

ーニングです。ですが、それはつまり、ゴダールが自分の孤独を意図的に作り上げているということでもあります。生まれてからこれまで、公的な人格と自分の孤独との間で、ゴダールはバランスを取ろうと努力してきました。ですがこの二十年、もはやバランスは失われました。それは孤独に向かう長い道のりです。彼は映画によって主張し、私たちに世界を説明したいと考えています。その一方、私たちが欲しているのは、ゴダールの映像なのです。彼と世界との間には、大きな齟齬があります。

最後に、私は彼にたずねました。「それじゃあ、もう映画は作りたくないのかい」。彼は答えました。「もちろん作りたいさ。映画は作り続けるつもりだよ。こんなものも使いながらね」。彼はポケットから二つのガジェットを取り出しました。一つは万年筆です。私にそれを差し出しながら、彼はこう言いました。「見てごらん。これは現代のスパイが持っているものだよ。先端にカメラがついてるんだ」。もう一つは、目覚まし時計でした。それにもカメラが内蔵されていました。

二〇一〇年一二月三日

（『ル・モンド』紙、二〇一〇年一二月二五日掲載）

ピエール・ドゥシュスによるドイツ語からフランス語への翻訳

訳者あとがき

本書は、ヌーヴェル・ヴァーグの時代から半世紀来の友人である二人の映像作家——ジャン＝リュック＝ゴダールとマルセル・オフュルス（以下、父親のマックス・オフュルスとの混同を避けるためにマルセルと表記）——が、独立したそれぞれの制作活動の果てに再会し、二〇〇二年と二〇〇九年に行なった二度の公開対談を収載した対談集（Jean-Luc Godard, Marcel Ophuls, *Dialogues sur le cinéma*, Le Bord de l'eau, 2011）の日本語訳である。

本書の構成

二人の対談が実現するきっかけとなったのは、マルセルが一九八八年に制作したドキュメンタリー映画『ホテル終着駅《・テルミニュス》』である。テレビ放送でこの作品を観たゴダールが心動かされ、長い無沙汰に由来する気詰まりや、自らの孤独を破ることも顧みず、マルセルに電話をかけたのである。

第一部は、この電話から生まれた二〇〇二年に行われた対談である。会場は、マルセルの居住地の近く、フランス南西部の地方都市ポーの映画館である。主な話題となっているのは、マルセルの父、すなわち映画監督マックス・オフュルスの映画術とその時代についてである。具体的には、スクリーンの裏側での巨匠の振る舞いや、『快楽』、『歴史は女で作られる』といった作品に顕著に見られるカメラ、役者、物語の運動性（ゴダールはそれを「優美さ」と表現する）、また、マックス・オフュルスを冷遇した戦後のフランス映画界の保守性への批判、脚本（言葉）と映像の関係、映像という媒体の固有性、ゴダールとマルセルの映画観、さらにはゴダールが推薦する最新の映画にまで話は及んでいる。

第二部は、七年後の二〇〇九年、今度はゴダールの居住地の近く、スイスのジュネーヴの劇場で行われた対談である。ここでの話題は、彼ら自身とお互いの関係にフォーカスされている。ゴダールとマルセルの出会い、当時の印象、両者の間にいた親友フランソワ・トリュフォー、五月革命、ドキュメンタリーとフィクションの関係、また、映画作家と製作会社（もしくはプロデューサー）、映画制作の資金繰り、著作権や契約……といった、独立独歩の映画作家として二人が直面している具体的な問題が議論されている。

とりわけ注目すべきは、この対談中で、二人の共同監督の企画の存在が明かされていることである。詳細は後述するが、イスラエルとパレスチナをめぐるこの企画は、さまざまな事情によって暗礁に乗り上げてしまっている。対談の中では、企画が座礁した経緯が語られるとともに、将来における再出発も模索されている。

尚、二つの対談の前後には、彼らの友人たちの文章が寄せられている。

前文として、対談と本書を実現させた編者ヴァンサン・ロヴィの序文とマルセル・オフュルス作品の撮影監督アンドレ・ガズュが友情のこもった短文を書いている。

後文には、パリ五月革命の学生側の代表者であり、現在は欧州議会議員としても活躍しているダニエル＝コーン・ベンディットの回想が併録されている。どうして政治家ベンディットとゴダールが結びつくのかと疑問に思う読者も少なくないと思うが、パリ五月革命当時に学生代表だったベンディットは、シネマテーク館長アンリ・ラングロワの更迭に反対するデモでゴダールと邂逅していたし、何よりも、パリ五月革命の最中、学生たちの拠点となったナンテール大学（ゴダールの二番目の妻アンヌ・ヴィアゼムスキーも在学中）内で撮影中だった彼と親交を深めていた。この親交が映画『東風』の共同制作へとつながっていく訳だが、ヴィアゼムスキーとの別離の目撃者としての逸話も含めて、ゴダールの知られざる繊細な一面を伝えている。

ちなみに、『ル・モンド』紙を初出とするベンディットのこの文章は、ゴダールの二〇一〇年のアカデミー賞受賞の思わぬ余波として、ゴダールを反ユダヤ主義の疑惑で糾弾しようとする動きがメディアに見られた時期であった。ユダヤ系の友人として、ゴダールの態度を平明に解きほぐし、ゴダールにとってのユダヤ人問題を明解に整理しているのは極めて貴重である。

対談者の二人について

ジャン＝リュック・ゴダールについては、多くの説明は要らないだろう。鮮烈なデビュー作『勝手にしやがれ』（一九六〇年）から最新作の『イメージの本』（二〇一八年）に至るまで、作品を発表する度に、ゴダールは新たな地平を開き、世界中の映画人や観客たちを驚かせ続けている。映画の形式と文法を拡張し続けようとするその姿勢には、フィクションとドキュメンタリー、文化と政治といった二項対立を揺るがそうとする意志が貫かれている。その実、彼が一途に行い続けてきたのは、人間や世界のあり方を探すこと、そして、それらを正確（juste）に映してくれる映像と音を見つけることではないだろうか。それは、映画『ゴダール・ソシアリスム』に描かれた客船の彷徨にも似て、広い大洋の中、羅針盤のない船に乗って、約束の地を探し当てようとするかのような果てなき旅路である。

一方、マルセル・オフュルスについては、ゴダールや父親のマックス・オフュルスほどには、日本ではそれほど名前が知られていないかもしれない。だが、ドキュメンタリーやフランス現代史の領域では、映像作品によって、第二次世界大戦後のフランスの歴史認識のあり方に決定的な転機をもたらした人物として知られている。とりわけ画期をなしたのは、ナチス・ドイツ占領期におけるフランス側の対独協力の実情を、関係者へのインタビューと当時のニュース映像の交差によって明らかにした、ドキュメンタリー作品『悲しみと哀れみ』(一九六九年)である。暗黙の検閲と妨害を経て、ようやく一九七一年、パリのシャンゼリゼ大通りで単館ロードショーされたこの作品は、観客の行列が途絶えず、結局八十七週のロングラン上演となり、当時だけで累計六〇万人の観客が観たという。アンリ・ルッソ著『ヴィシー・シンドローム』(Heinri Rousso, *Le syndrome de Vichy : de 1944 à nos jours*, Éditions du Seuil, 1987 et 1990、未邦訳)が詳述するように、それは、戦後のフランスが自らのアイデンティティを構築するために使っていた鏡を粉砕する爆弾だった。この作品以後、戦後のド・ゴール体制下に喧伝された国家統合の神話——一部の例外的な裏切り者以外はナチス・ドイツ占領下も一貫して占領者に抵抗し続けたフランス国民——を素朴に信じることは難しくなってしまう。その結果、沈黙と忘却によって占領期の記憶を封印してきたかさぶたは徐々に剝落していく(まるでアラン・レネ監督/マルグリット・デュラス脚本『ヒロシマ・モナムール』のフランス人女性のように)。やがては、二十一世紀には当たり前の風景となった、フランス国家によるユダヤ人移送協力への公式な謝罪表明のプレートが、フランス各地——現場となった駅や学校などの公共の場所——に掲げられるまでになったのである。つまり、やや大げさな言い方をすれば、オフュルスの作品は、戦後フランスの歴史認識に対する、映像による革命の出発点として機能したのである。

この作品以後も、マルセル・オフュルスは精力的に数多のドキュメンタリー作品を作り続ける。その一つが『ホテル終着駅』であり、テレビ放映されたこの作品が、映像による革命を夢見たことのあるゴダールの琴線に触れ、旧友マルセル・オフュルスを再発見させることになったのである。それは、言語への不信とコンプレックスを抱えてきた映画作家ゴダールにとっては、大学での研究や歴史書ではなく、映像作品が歴史に働きかけることができることを再確認させてくれるものであった。また同時に、ユダヤ人問題も意識しない無邪気な少年としてナチス・ドイツ占領期を過ごした一人のスイス／フランスの二重国籍者ゴダールにとっては、映像作品によって過去の記憶と現在の問題意識を揺り動かされる体験であったはずである。いずれにせよ、オフュルスが、約束の地を探して彷徨するゴダール船の航行の一つの羅針盤になると感じられたのは間違いない。そして、数十年の歳月を越えて、ゴダールは電話機に手を伸ばす。

共同監督の企画

先にも触れたように、ゴダールとオフュルスは、『大人は判ってくれない』（一九五九年）の監督であるフランソワ・トリュフォーという共通の友人を介して、青春の日々にさまざまな場所で出会い、気軽に言葉を交わす間柄だった。しかし、二人の映像作家がその後に歩んでいった道は、美学的にも、政治的にも大きく異なっていたため、顔を合わせる機会も減り、本書に所収した対談が実現する頃には、ほとんど没交渉になっていた。

平面上の二本の直線は一度交差したら、その後は無限に遠く離れていく運命にある。しかし、地球上で経線と緯線が二度交わるように、ゴダールがマルセルにかけた一本の電話は、数十年の年月を隔て、二人を再び合流させる。しかも、ゴダールは電話で作品の感想を伝えるだけでなく、直接マルセルの家を訪ね、共同監督の企画を持ちかけることになる。それは、ユダヤ人問題をテーマにした作品の企画であり、パレスチナとイスラエルが舞台であったようである。ジガ・ヴェルトフ時代から最新作にいたるまで、パレスチナに一貫した共感を示すゴダールと、ユダヤ人家系の出身であり、ドキュメンタリー作品でナチス・ドイツ占領中のユダヤ人迫害を問い続けてきたマルセル。正反対航行する二人の共同作品は、まさしく対蹠点で視線がクロスする画期的な作品となったはずである。

だが、残念ながら、この企画は内容以前の段階、すなわち、作品の著作権をめぐる法律的な手続き（対談によれば、ゴダールは共同監督の契約書や著作権の配分などの取り決めに一切興味を示さなかったようである）の段階で座礁し、実現には至らなかった。ただし、原書編者が二つの対談の後に端書きしている情報によれば、ゴダールは内容面については具体化させており、作品の構成と担当部分を手紙でマルセルに提案している。さらに、その手紙には、作品の題名まで示されており、それが『*Adieu au langage*（さらば、言語活動よ）』だったというから驚きである。ゴダールは、同じ題名の単独での監督作品（邦題は『さらば、愛の言葉よ』）を二〇一四年に発表しているが、この作品の背後に、本書の対談に見られるマルセルとのやり取りがあったかと思うと、作品を見る視角にも新たな奥行きが加わってきそうである。

＊＊＊

以上が本書の概略であるが、二〇二二年時点でともに九〇歳を超えたゴダールとマルセル・オフュルスという二人の映像作家の対談だけあって、二〇世紀と二一世紀の地域、社会、文化、政治を文字通りに横断する内容となっている。その意味で、本書は、二人の映画監督の友情の記録であるとともに、二〇世紀から二一世紀にわたって様々な地域と時代で映像作品を作り続けてきた二人の映像作家による、世界と歴史についてのフレーム外の証言という性格を併せ持っている。皮肉と諧謔、自己韜晦とはぐらかしに満ちた二人の対談であるが、戦争をやめようとしない人類の世界と歴史に絶望しながらも、人間のありうべき可能性をスクリーン上で探すことで、世界と歴史の流れを変えようと今も作品を作り続ける二人に共通する真摯な素地が、拙い訳文から透けて見えてくれれば幸いである。

日本語版の出版に際しては、日仏の出版社と相談の上、やや過剰とも思われる訳註と原書にはない写真資料を数多く加えている。対談者たちと同時代を生きた世代や専門研究者には蛇足でしかないが、対談で言及されている時代に馴染みのない若い世代の読者にも、ゴダールとマルセル・オフュルスの作品と言葉が届くことを期待して、訳註以上に無用なこの拙文とともに、どうかご寛恕いただきたい。

実際上の作業において、既刊の『ディアローグ　デュラス／ゴダール全対話』に引き続き、読書人の明石健五さんには大いにお世話になった。彼の真摯な出版への情熱なくして、本書が世に出ることはなかっただろう。本書の内容の周縁性、訳者の数々の我儘にもかかわらず、粘り強く付き合ってくれたことに深謝したい。また、細かな年号のチェックや索引作り、写真集めに奔走してくれた同社の野村菜々実さん、情報提供をして下さった岡村民夫さん、ゲラに目を通して貴重な指摘をしてくれた若き映画研究者の久保宏樹さん、本書の出版助成をして下さった在日フランス大使館にも感謝申し上げる。さらには、右の『ディアローグ〜』刊行の際と同じく、核心をつきながらもキュートな帯文を寄せて下さった蓮實重彥さんに御礼申し上げる。

最後に、本書の出版を準備している最中、青山真治監督が急逝された。三十年近く前、大学生だった訳者が、若きゴダールの小品『男の子の名前はみんなパトリックっていうの』へのオマージュとも言えるVシネマ作品『ギリギリまで愛して（仮題）』（未公開）の撮影現場で制作として働いていたとき、デビュー前の青山監督が闊達にチーフ助監督をされていた。その数年後、訳者は映画の現場を離れていたが、留学先のジュネーヴでふと点けたテレビから、カンヌ国際映画祭での青山監督の受賞の報が流れた時の驚きと喜悦は今も憶えている。思い返せば、今から十年ほど前、北九州の小倉昭和館（二〇二二年八月に付近の市場からの出火で全焼）という名画座の映画祭で短い再会を果たせたのは僥倖だったとしか言いようがない。青山監督の作品にいつも励まされ、たまたま謦咳に接する幸運を得た者として、ゴダールを愛した青山監督に本書を捧げるとともに、心よりご冥福をお祈りいたします。

二〇二二年八月、出張先のパリにて

福島　勲

索引凡例

一、索引は「作品名索引」「人名索引」の２部で構成した。
一、見出し語は、作品・人名ともに、対談のテーマと密接に関係するものを挙げた。
一、配列は、読み仮名書きした五〇音順とし、清音・濁音・半濁音の順に、また音引きは直前の文字の母音と同じものとして並べた。
一、「n」と記されているのは、「註」で説明があることを示す。
一、作品名は、邦題、原題の順に記した。
一、人名は、姓ついで名による五〇音を基本とした。

作品名索引

あ

か

さ

た

は

ま

ら

わ

人名索引

あ

か

さ

た

な

は

ま

や

ら

わ

図版クレジット

第一部

p.16———㊤対談時のジャン＝リュック・ゴダール　原書
p.16———㊦対談時のマルセル・オフュルス　原書
p.18———マックス・オフュルス　©公益財団法人川喜多記念映画文化財団
p.20———エリック・ロメール　CC BY-SA3.0/Smdl ／ Wikimedia
p.23———マックス・オフュルス監督『輪舞』 ©公益財団法人川喜多記念映画文化財団
p.25———マックス・オフュルス監督『快楽』 ©RGR Collection/Almy Stock Photo
p.27———マックス・オフュルス監督『歴史は女で作られる』 ©公益財団法人川喜多記念映画文化財団
p.28———ビリー・ワイルダー監督『お熱いのがお好き』 Wikimedia
p.30———フラゴナール《閂》 Wikimedia
p.32———マックス・オフュルス監督『忘れじの面影』 ©公益財団法人川喜多記念映画文財団
p.34———フラゴナール《ぶらんこ》 Wikimedia
p.40———ジャン・ルノワール監督『ピクニック』 ©公益財団法人川喜多記念映画文化財
p.53———ジャック・リヴェット　CC BY-SA3.0/Wikimedia
p.58, 59—対談時のゴダールとオフュルス　原書

第二部

p.62———㊤対談時のジャン＝リュック・ゴダール　原書
p.62———㊦対談時のマルセル・オフュルス　原書
p.65———フランソワ・トリュフォー　Wikimedia
p.66———㊤マルセル・オフュルス監督『バナナの皮』 ©公益財団法人川喜多記念映画文化財団
p.66———㊦ジャン＝リュック・ゴダール監督『アルファヴィル』© 公益財団法人川喜多記念映画文化財団
p.70———マルセル・オフュルス監督『悲しみと哀れみ』 ©Everett Collection/ アフロ
p.72———ロバート・フラハティ監督『極北のナヌーク』 Wikimedia
p.74———ヴィットリオ・デ・シーカ監督『自転車泥棒』 ©公益財団法人川喜多記念映画文化財団
p.76———ジャン・ルーシュ監督『人間ピラミッド』ポスター　Wikimedia
p.78———フレデリック・ワイズマン　CC BY-SA2.0/Wikimedia
p.82———ジョージ・スティーヴンス監督『陽のあたる場所』 ©公益財団法人川喜多記念映画文化財団
p.124——㊤ゴダール、ヴァンサン・ロヴィ、フランシス・カンデル、オフュルス　原書
p.124——㊦オフュルス、フランシス・カンデル、ヴァンサン・ロヴィ、ゴダール　原書

わが友、ゴダール

p.128——ダニエル・コーン＝ベンディット　Wikimedia
p.131——ジャン＝リュック・ゴダール監督『勝手にしやがれ』 ©公益財団法人川喜多記念映画文化財団
p.133——アンリ・ラングロワ　©AGIP/Bridgeman Images
p.134——『中国女』撮影中のヴィアゼムスキーとゴダール　©Photofest/ アフロ

Cet ouvrage a bénéficié du soutien de l'Ambassade de France au Japon.
本作品は、在日フランス大使館の助成を受けています。

略歴

ジャン゠リュック・ゴダール（1930～）

フランス／スイスの映像作家。映画批評家から出発し、1959年、長編『勝手にしやがれ』で監督デビュー。ヌーヴェル・ヴァーグの旗手として『女と男のいる舗道』、『アルファヴィル』、『気狂いピエロ』等で世界の映画界に多大な影響を与える。ベトナム戦争期から政治闘争に向かい、『中国女』、『東風』等を制作する。1980年の『勝手に逃げろ／人生』で一般映画に回帰し、『パッション』、『右側に気をつけろ』等を制作する。1990年代には映像の一大叙事詩『ゴダールの映画史』を発表。21世紀に入っても勢いは衰えず、テレビ番組を手がけるとともに、映画『愛の世紀』、『アワーミュージック』、『さらば、愛の言葉よ』、『ゴダール・ソシアリスム』、『イメージの本』等を発表。2022年現在も新作を準備中とのこと。

マルセル・オフュルス（1927～）

フランス／アメリカ合衆国のドキュメンタリー映像作家。父は映画監督のマックス・オフュルス。ユダヤ人家系として生地ドイツで暮らしていたが、ナチスの台頭を受けて、1933年に家族でパリに移住。さらに1940年のパリ占領を受けて、スペイン経由でアメリカ合衆国に家族で脱出。戦後はフランスに帰国し、トリュフォーの助力で、商業映画『バナナの皮』の監督として名前が一時知られるが、映画界では次第に忘れられていく。その後、フランス国営放送（ORTF）でドキュメンタリー番組の制作を始め、『ミュンヘン』で頭角を現す。1969年に制作した『悲しみと哀れみ』が国際的に大きな反響を呼び、『ホテル終着駅』で評価を決定的なものとする。フランス国内のテレビでは放映禁止の辛酸を何度か嘗めたが、2012年にはレジオン・ド・ヌール勲章（コマンドゥール）を授与され、フランス国家からも正式に聖別される。同年にはパリ・シネマテークでの特集上映が行われ、その評価は高まるばかりである。

福島　勲（1970～）

早稲田大学人間科学学術院教授。専門は、フランス文学・思想、表象文化論、文化資源学。東京大学大学院人文社会系研究科博士課程修了。博士（文学）。著書に『バタイユと文学空間』（水声社）、訳書に『ディアローグ デュラス／ゴダール全対話』（読書人）、『ミヒャエル・ハネケの映画術』（水声社）等がある。

映画をめぐるディアローグ　ゴダール／オフュルス全対話

二〇二二年九月三〇日　初版第一刷発行

著　者……ジャン＝リュック・ゴダール、マルセル・オフュルス
序文：ヴァンサン・ロヴィ、アンドレ・ガズュ
後記：ダニエル・コーン＝ベンディット

訳　者……福島　勲

発行者……明石健五

発行所……株式会社　読書人
東京都千代田区神田神保町一―三―五　〒一〇一―〇〇五一
Tel. 03 5244 5975　Fax 03 5244 5976
https://dokushojin.com/　e-mail info@dokushojin.co.jp

組　版……汀線社

装　丁……鈴木一誌＋矢島風語

印刷・製本……モリモト印刷株式会社

使用書体：ヒラギノ明朝体＋游築五号仮名＋Bodoni Bk BT＋Adobe Garamond Pro

ISBN978-4-924671-54-6 C0074